MW01710067

IDIOMAS

ASSiMiL

DE BOLSILLO

Actualizada: **ASSIMIL** France

Ilustración de portada: Gavi

ISBN 978-2-7005-0238-1
ISSN 1281-7554

La versión original de esta obra ha aparecido en alemán bajo el título: **Französisch Wort für Wort** en las ediciones Reise Know-How Verlag Peter Rump GmbH, Bielefeld.

El Francés de bolsillo

según Gabriele Kalmbach
adaptado por Soledad San Miguel

Ilustraciones de J.-L. Goussé

ASSiMiL
B.P. 25
94431 Chennevières-sur-Marne Cedex
FRANCE

LENGUAS DE BOLSILLO

El alemán de bolsillo*
El árabe marroquí de bolsillo*
El chino de bolsillo*
El francés de bolsillo*
El griego de bolsillo
El holandés de bolsillo
El inglés británico de bolsillo*
El inglés de bolsillo para trotamundos
El italiano de bolsillo*
El portugués de bolsillo
El ruso de bolsillo*

SIN COMPLEJOS (ARGOT)

Americano Sin Complejos
Inglés Sin Complejos

ESPAÑOL PARA USO DE EXTRANJEROS

Español para franceses
Español para italianos
Español para holandeses
Español para húngaros

*Guías y kits de conversación

¡Las "guías de bolsillo" Assimil son diferentes!

Tome:

• Una pequeña dosis de **gramática** (muy digestiva...). Tranquilícese, hemos optado por la simplicidad, reteniendo sólo las reglas necesarias para su expresión y comprensión. Aquí encontrará todas las estructuras básicas del idioma para poder formar frases muy rápidamente.

• Una buena pizca de **conversación**, con la que le ponemos en diversas situaciones en las que usted va a encontrarse a lo largo de su viaje. Le simplificamos el trabajo dándole la traducción palabra por palabra –a veces un poco cómica, pero muy útil–, que le ayudará a comprender más rápido la estructura de la frase. Enseguida verá que con un poco de hábito, le resultará fácil, sustituyendo unas palabras por otras (sacadas por ejemplo de nuestro léxico), construir sus propias frases. El autor de esta obra ha sabido elegir las expresiones más útiles para la vida cotidiana. La literatura llegará más adelante...

• Una pequeña ayuda suplementaria: en las solapas, encontrará algunos ingredientes básicos: las indicaciones necesarias para **pronunciar** correctamente, así como algunas **palabras clave** para asegurar sus primeros contactos.

• Un aliño, repartido a lo largo de las secciones, con **consejos de amigos** y noticias sobre las costumbres locales relacionadas con los temas abordados. Estas pequeñas informaciones útiles y prácticas le permitirán no solamente evitar desagradables sorpresas y malentendidos, sino también comprender mejor a los franceses y las múltiples facetas de este extraordinario país que es Francia.

• Finalmente, no olvidemos el pequeño toque de humor, aportado por nuestras **ilustraciones**, que le permitirá aprender con una sonrisa.

Un consejo: ¡no busque la perfección! Sus interlocutores le perdonarán con gusto los pequeños errores que usted pudiera cometer al principio. **Lo más importante**, es abandonar su complejo y **atreverse a hablar**.

Así que ahora, ¡le toca a usted!

Nuestro "idioma de bolsillo" Assimil no pretende sustituir a una clase de idioma, pero si usted le dedica un poco de tiempo a su lectura y aprende algunas frases, podrá comunicarse rápidamente. Todo será diferente, vivirá una experiencia nueva.
¡Ya está usted preparado para convertirse en algo más que un simple turista!

ÍNDICE

PRÓLOGO

GRAMÁTICA

CONVERSACIÓN

LÉXICO

PRÓLOGO

"Cuando Dios creó el francés primero entregó la regla y después inventó la excepción para que nos dejáramos llevar por la tentación"; así es como un lingüista francés describiría su idioma. Incluso los franceses tienen dificultades en dominar la enorme cantidad de excepciones que posee su lengua; de hecho, pocos son los candidatos que consiguen pasar un concurso nacional de ortografía sin cometer ninguna falta.

Pero no tema, aprender francés no es tan difícil como parece. Esta guía de conversación que hace más hincapié en la lengua hablada, se dirige a todos aquéllos que en un principio no desean dominar la lengua sino que quieren comprender y que les comprendan en diferentes situaciones de la vida cotidiana, y conocer un poco mejor a los franceses y la lengua francesa. Para ello, no se necesita ningún conocimiento preliminar de la lengua, basta con tener un mínimo de curiosidad y buena voluntad.

Ya sabemos que cuando no se habla la lengua del país que se visita, la dificultad para conocer a su gente es mayor puesto que a través de la conversación uno puede empezar a comprender la mentalidad, costumbres, tradiciones, y manera de vivir de las personas.

En Francia pocos son los que están dispuestos a hablar en lengua extranjera. Sin embargo, muchos son los que corrigen los errores. Los franceses están orgullosos de su lengua y esperan que los extranjeros la hablen naturalmente.

En la medida de lo posible trataremos en esta guía de evitar los puntos de gramática complejos. Le dejamos la libertad de perfeccionar sus conocimientos más adelante.

El francés de bolsillo comprende tres partes: gramática, conversación y léxico. Le aconsejamos que cuando visite el país lleve también un pequeño diccionario.

Con frecuencia encontrará la traducción literal que le ayudará a comprender la construcción de la frase; si lo desea puede sustituir algunas palabras por otras conservando la misma estructura.

La pronunciación francesa, no siempre es fácil de adivinar cuando se lee la palabra, se la damos casi sistemáticamente (en *italica*). No se trata de la fonética internacional sino que para facilitarle la tarea transcribimos cada palabra como usted la escribiría si la oyera.

Como ya hemos dicho anteriormente, la gramática francesa posee muchas excepciones y muchos verbos irregulares... Nuestro propósito no es entrar en detalles linguísticos, así pues, no nos dentendremos demasiado en estas particularidades. No se preocupe, le entenderán igual si conjuga un verbo irregular como si fuera regular; usted mismo se dará cuenta de su error en cuanto vea la cara que le pone su interlocutor. No dude en preguntar cuál es la forma correcta, así podrá memorizarlo.

En esta guía se hace más hincapié en la comunicación – comprender y que le comprendan – así pues, le damos las bases elementales de la gramática francesa puesto que nos parece suficiente para un primer contacto con la lengua. Por ejemplo, en lo relativo a la conjugación de los verbos, sólo le damos los tres tiempos principales.

¿DÓNDE SE HABLA FRANCÉS?

Los países francófonos son numerosos. El francés es **la lengua materna y oficial** en Francia, una parte de Bélgica y Suiza, Luxemburgo, Mónaco, San Pedro Miquelón, Guadalupe, Martinica, Guayana francesa, Reunión, Mayotte, Vanuatu, Nueva Caledonia, Polinesia francesa, Wallis y Futuna, y Quebec.

Es lengua oficial, es decir la que se habla en el colegio, en Bénin, Burkina Faso, Burundi, Comores, Yibuti, Costa de Márfil, Gabón, Guinea, Camerún, Congo, Madagascar, Malí, Mauritania, Níger, Ruanda, Senegal, Sechelles, Chad, Togo, Zaire, y República Centro Africana.

El francés es lengua de relación en Argelia, Marruecos, Túnez, Líbano, Camboya, Vietnam, Laos y la Isla Mauricio donde sigue estando en vigor debido a su estatuto de lengua colonial. En algunas regiones, el francés está oficialmente reconocido como lengua local: en Jersey, en el Valle de Aosta, Luisiana y Pondichery.

Señalemos que cada una de estas regiones introduce sus propias variantes tanto en el vocabulario como en la pronunciación.

Para finalizar, sepa que la centralización se impuso en Francia en el siglo XVII y desde entonces se concentran todos los esfuerzos para unificar la lengua oral – en detrimento de las lenguas regionales y dialectos – y escrita. En las últimas décadas han vuelto a aparecer movimientos regionales a favor de la descentralización política con el fin de restituir a las lenguas regionales su antiguo estatuto. Se trata, entre otras, del occitano, el bretón, el vasco, el alsaciano y el corso.

Sea lo que fuere, el francés es la lengua en la que podrá comunicar en cualquier región francesa.

PRONUNCIACIÓN Y ENTONACIÓN

Lamentablemente el francés no se pronuncia como se escribe – la pronunciación de algunas letras es diferente según precedan o sigan otra letra.
Sin embargo, no es demasiado difícil aprenderlo, basta con conocer las reglas.

La entonación

En francés, el acento tónico recae siempre sobre la última sílaba cuando ésta no es muda. Cuando la última sílaba es muda, el acento tónico recae sobre la penúltima. Ejemplos: **ami** se lee *amí*, **castor** se lee *kastór*, pero **caravane** se dice *karav'án*, **madame**, *madám*...

Pronunciación y transcripción fonética

Los diferentes cuadros que le damos a continuación comprenden (de manera simplificada) las reglas de la pronunciación francesa. Como no podrá asimilarlas todas inmediatamente, le damos también, en itálica, la transcripción fonética que encontrará igualmente a lo largo del *Francés de bolsillo*. ¡Recuerde la entonación!

Las consonantes

Letras	Transcripción	Pronunciación	Ejemplo
b	*b*	como en castellano	**bal** *bal*
c	*k*	delante de vocal fuerte (**a**, **o**, **u**) o consonante	**café** *kafe* **raclée** *rakle*
	s	delante de vocal débil (**i**, **e**)	**ciel** *siël*

ç	*s*		**ça** *sa*
d	*d*	como en castellano	**dame** *dam*
f	*f*	como en castellano	**figue** *fig*
g	*g*	delante de **a**, **o** y **u** y delante de consonantes (excepto n)	**gâteau** *gato*
	j'	delante de **e**, **i** suena como la **j** francesa, es decir casi "ye"	**girafe** *j'iraf*
h		muda	**homme** *om*
j	*j'*	este sonido no existe en castellano; es un poco como la j en catalán o la x del bable asturiano y del gallego, pero más atenuado	**joli** *j'oli*
k	*k*	como en castellano	**kilo** *kilo*
l	*l*	como en castellano	**la** *la*
m	*m*	como en castellano	**image** *imaj'*
	-n	nasal delante de **b** y **p**	**impossible** *ë-nposibl*
n	*n*	como en castellano	**ananas** *ananas*
	-n	nasal delante de consonante	**bon** *bo-n*
p	*p*	como en castellano	**papa** *papa*
q / qu	*k*		**coq** *kok* ; **quatre** *katr*
r	*r*	más suave que en castellano; un poco como la **j** castellana pronunciada de una forma exagerada	**rire** *rir*
s	*s*	**s** castellana entre vocal y consonante	**castor** *kastor*
		en general no se pronuncia al final de palabra	**cafés** *kafe*
	s̲	muy suave entre dos vocales (como la z francesca)	**valise** *v'alis̲*
t	*t*	como en castellano	**tarte** *tart*
	s	seguida de **i** + otra vocal	**action** *aksio-n*

v	*v'*	**f** muy suave	**valise** *v'alis̲*
w	*v'*	**f** muy suave	**wagon** *v'ago-n*
	u	u + otra vocal	**watt** *uat*
x	*ks*	como en *taxi*	**mixte** *mikst*
	gs̲		**exercice** *egs̲ërsis*
	s̲	al final de palabra, cuando la palabra siguiente empieza con una vocal (enlace)	**six amis** *sis̲ami*
		generalmente muda al final de palabra, cuando no está seguida por otra palabra que empieza con una vocal	**prix** *pri*
z	*s̲*	**s** muy suave	**zéro** *s̲ero*
		muda al final de palabra	**riz** *ri*

• **Consonantes compuestas**

ch	*sh*	este sonido ya no tiene equivalente en castellano; equivale al sonido de la **x** en Ximena	**cheval** *shœv'al*
gn	*ñ*	como la **ñ** castellana	**ligne** *liñ*
ph	*f*	como la **f** castellana	**philosophie** *filos̲ofi*
rh	*r*	como **r**, ya que la **h** es muda	**rhume** *rüm*
th	*t*	como la **t** castellana	**théorie** *teori*
sc	*sk*	delante de **a**, **o**, **u**	**escalier** *eskalie*
	s	delante de **e** o **i**	**scie** *si*
ss	*s*	siempre como la **s** castellana	**saucisse** *sosis*

Las vocales

Observe que la pronunciación de una misma vocal en francés puede ser diferente según esté acentuada.

Los grupos de vocales tienen también una pronunciación propia.

- **Vocales simples**

Letras	Transcripción	Pronunciación	Ejemplo
a, i, o	*a, i, o*	igual que en castellano	**ami** *ami*, **poli** *poli*
â, î, ô	*a, i, o* *aa, ii, oo*	teóricamente, **â, î, ô** deberían de pronunciarse de manera más alargada (*aa, ii, oo*), pero la mayoría de los franceses ya no respeta esa regla	**pâte** *paat* o *pat* **rôle** *rool* o *rol*
e	*œ*	sonido sordo entre la **o** y la **e**	**jeton** *j'œto-n*
		muda al final de palabra ; no se pronuncia en los plurales	**barbe** *barb* **barbes** *barb*
		no se pronuncia en terminaciones verbales acabadas en **-ent**	**rient** *ri*
	a	**a** veces se pronuncia **a**	**femme** *fam*
é, er, ez	*e*	**e** castellana	**amitié** *amitie* **nier** *nie*, **niez** *nie*
è, ê	*ë*	**e** muy abierta – sonido intermedio entre la **e** y la **a**	**règle** *rëgl* **même** *mëm*
u	*ü*	la **u** francesa se pronuncia frunciendo los labios en ademán de silbar y dejando oír un sonido entre el de la **u** española y el de la **i**	**furie** *füri*
y	*i*	como **i**	**myope** *miop*
	ii	un poco más alargada entre	**payer** *peiie*

• Vocales compuestas

ai, ei, **eai**	*ë*	**e** abierta	**mais** *më,* **geai** *j'ë,* **peine** *pën*
ail, **aille,** **aï**	*ay*	como en "paisano"	**travail** *trav'ay,* **paille** *pay,* **aïoli** *ayoli*
ay,	*ëy*	como en "rey"	**paye** *pëy*
aye	*ay*	como en "paisano"	**papaye** *papay*
eil, **eille,** **eye**	*ëy*	como en "rey"	**pareil / pareille** *parëy* **Popeye** *popëy*

au, eau	*o*		**auto** *oto,* **eau** *o*
eu, eû, **œu**	*œ*	sonido sordo entre la **o** y la **e**	**peu** *pœ,* **jeûne** *j'œn,* **vœu** *v'œ*
euil, **euille**	*œy*		**écureuil** *eküræy* **feuille** *fœy*
ill, ille	*ll*	como en "Sevilla"	**Séville** *sev'ill*
oe, oë, **oi, oy**	*ua*	con la **a** más accentuada que la **u**	**moelle** *mual,* **poêle** *pual,* **roi** *rua,* **loyer** *luaie*
ou, oû, **aou**	*u*		**mou** *mu,* **ragoût** *ragu,* **août** *ut*

• Las nasales

Las nasales son:

an, am, **en, em**	*a-n*	entre **o** y **a** nasal	**enfant** *a-nfa-n* **embrasse** *a-nbras*
ain, aim, **ein, in,** **ym, im**	*ë-n*	**e** abierta nasal	**main** *më-n,* **faim** *fë-n* **vin** *v'ë-n,* **thym** *të-n* **timbre** *të-nbr*
oin	*oë-n*	**o** + **e** abierta nasal	**groin** *groë-n*
on, om	*o-n*	**o** cerrada nasal	**montagne** *mo-ntañ* **nombril** *no-nbril*

un	*œ-n* sonido œ nasal	**mesclun** *mëskIœ-n*
um	*œ-n**sonido œ nasal	**humble** *œ-nbl*

* excepto en final donde se pronuncia *om*: **maximum** *maksimom*

En castellano, el artículto "un" puede tener un sonido nasal: **un gato**, **un llano**. Las nasales francesas se pronuncian de la misma manera, pero con otras vocales. Con un poco de práctica, ¡les resultará fácil!

Observe que:

• La **n** en final de palabra no es más que el signo de nasalización de la vocal que la precede. Hay pocas excepciones – basta con saber que muy pocas palabras se pronuncian ën (sin nasalización) como **abdomen** *abdomën* (y no *abdoma-n*), spécimen *spesimën* o **hymen** *imën*.

• En el cuerpo de una palabra, la **n** seguida de consonante tiene sonido nasal excepto si la consonante siguiente es otra **n** (**année** se pronuncia *ane*, **anniversaire** *aniv'ërsër*, etc.) y en las palabras inglesas (**parking** por ejemplo).

• En la conjugación, la terminación -ent de la tercera persona plural no se pronuncia.

Existen también terminaciones nasales. Veamos algunas:

-tion	*sio-n*	→	**attention**	*ata-nsio-n*
-ent	*a-n*	→	**lent**	*la-n*
-ment	*ma-n*	→	**comment**	*koma-n*
-ien	*ie-n*	→	**gardien**	*gardië-n*
-ant	*a-n*	→	**amant**	*ama-n*

Enlace de las palabras

• Cuando una palabra termina en consonante o e muda y la siguiente empieza por vocal, se leen generalmente ambas enlazadas, como si formaran una sola (**son ami** *sonami*).

- La consonante final (incluso si es muda) conserva su sonido propio en el enlace de las palabras, salvo la **d** que al enlazar se pronuncia **t** (**grand ami** *gra-ntami)* y la **s** y la **x** que se pronuncian como la *s suave* o la *z francesa* (**les amis** *lesami*, **deux amis** *dœsami*).
- En las finales **-rd** y **-rt**, el enlace se hace con la **r** y no con la **d** o la **t** (**regard amusé** *rœgaramüse*).
- La palabra **et** (y) no enlaza nunca.

Pronunciación y elisión

Por regla general, no se pronuncian las consonantes siguientes cuando se encuentran a final de palabra: **d**, **p**, **s**, **t**, **x y z**.

hasard	*asar*	**champ**	*sha-n*
gens	*j'a-n*	**gant**	*ga-n*
faramineux	*faraminœ*		

Al final de una palabra la e no se pronuncia.

j'aime	*j'ëm*	**téléphone**	*telefon*
demeure	*dœmœr*		

Ejercicio de pronunciación

Aquí tiene las fórmulas de saludar más comunes y su transcripción fonética. Entrénese a pronunciarlas en voz alta ya que tendrá que utilizarlas muy a menudo.

Bonjour	*bo-nj'ur*	Buenos días
Bonne nuit	*bon nüi*	Buenas noches
Bonsoir	*bo-nsuar*	Buenas noches / tardes
Au revoir	*o rœv'uar*	Hasta luego
Salut	*salü*	Hola
À bientôt	*a bië-nto*	Hasta pronto
S'il vous plaît	*sil v'u plë*	Por favor

Merci	*mersi*	Gracias
Ça va ?	*sa v'a*	¿Qué tal?

ALGUNOS GIROS PARA AVANZAR MÁS DEPRISA

Antes de empezar la parte gramatical veamos algunos giros sencillos y a la vez muy usuales; le serán de gran utilidad en muchas ocasiones.

Il y a *ilia*

Il y a se traduce por *hay* cuando se quiere expresar una cantidad, y por hace cuando se quiere expresar una noción de tiempo.

Il y a un médecin ?
ilia œ-n med(œ)ssë-n
¿Hay un médico?

Il est venu il y a trois jours.
ilë v'œnü ilia trua j'ur
Vino hace tres días.

Il y a de la place dans le taxi ?
ilia de la plasse da-n lœ takssi
¿Hay sitio en el taxi?

IL Y A DE LA PLACE DANS LE TAXI ?
(¿Hay sitio en el taxi?)

Para responder a la pregunta se dirá:

Oui, il y a un médecin.
ui, ilia œ-n medssë-n
Sí, hay un médico.

Oui, il y de la place.
ui, ilia dœ la plass
Sí, hay sitio.

Non, il n'y en a pas.
no-n, il nia-na pa
No, no hay.

No olvide que la entonación de la frase interrogativa va al final de la frase.

Où est… ? *u ë*

Où est la route pour Lille ?
u ë la rut pur lil
¿Dónde está la carretera hacia Lille?

Où est le cinéma ?
u ë lœ ssinema
¿Dónde está el cine?

Où est l'arrêt du bus ?
u ë larë dü büss
¿Dónde está la parada del autobús?

Qu'est-ce que… ? *këskœ*

A partir de ahora ya puede hacer algunas preguntas… Aquí tiene dos más para que las aprenda de memoria guiándose de la transcripción fonética. **¡Recuerde que se acentúa la última sílaba!**

Qu'est-ce que c'est ?
këskœsë
¿Qué es?

Qu'est-ce qu'il y a ?
këskilia
¿Qué hay / pasa?

La gramática, tal y como se la presentamos aquí, tiene como objeto ayudarle a entender cómo se estructura la lengua. Hemos intentado darle las bases elementales para que pueda construir frases simples a partir del modelo que le proponemos.

Recordemos que no se trata de explicar todos los matices, reglas y excepciones, sino de proporcionarle lo necesario para que pueda desenvolverse sin demasiada dificultad.

LOS SUSTANTIVOS

El género

En francés los sustantivos son femeninos o masculinos. El neutro no existe. Le aconsejamos que aprenda cada palabra con su artículo porque el género de cada palabra, sobre todo si se trata de objetos, no sigue una verdadera lógica.

Algunas terminaciones indican el género del sustantivo (con algunas excepciones que confirman la regla, por supuesto):

• **Femenino**

-tié	**l'amitié**	la amistad
-tion	**l'attention**	la atención
-erie	**la boulangerie**	la panadería

-té	**la nationalité**	la nacionalidad
-ence	**l'essence**	la gasolina
-esse	**la sagesse**	la sabiduría
-tie	**la partie**	la partida
-ise	**la sottise**	la tontería
-ée	**l'année** *(fém)*	el año

• Masculino

-on	**le garçon**	el chico
-age	**le voyage**	el viaje
-eau	**le bateau**	el barco
-ail	**le travail**	el trabajo
-ment	**le monument**	el monumento

Sepa que los días de la semana, los meses, las estaciones del año, y los puntos cardinales son masculinos.

El plural

En la mayoría de los casos se forma el plural de los sustantivos añadiendo una s final que no se pronuncia (vuelva a leer el párrafo "Pronunciación y elisión").

• Singular

le copain	*lœ kopë-n*	el compañero
la copine	*la kopin*	la compañera
l'ordinateur	*lordinatœr*	el ordenador

• Plural

les copains	*le kopë-n*	los compañeros
les copines	*le kopin*	las compañeras
les ordinateurs	*lesordinatœr*	los ordenadores

Como siempre existen excepciones. Algunas palabras, como por ejemplo las que terminan en **-eau**, forman el plural añadiendo una **x** que no se pronuncia:

le bateau	*lœ bato*	el barco
les bateaux	*le bato*	los barcos

LOS ARTÍCULOS

Los artículos definidos

En francés existen dos artículos definidos en singular: **la** (femenino) y **le** (masculino). El plural de los dos géneros es **les**.

- **la** (*la*), la

la copine	*la kopin*	la compañera
la femme	*la fam*	la mujer
la voiture	*la v'uatür*	el coche

- **le** (*lœ*), el

le copain	*lœ kopë-n*	el compañero
le garçon	*lœ garso-n*	el chico
le vélo	*lœ v'elo*	la bici

LES BATEAUX
(los barcos)

Cuando **le** y **la** preceden una palabra que empieza por vocal o por h muda pierden esta última y se pone un apóstrofro: **l'**.

l'homme	*lom*	el hombre
l'argent	*larj'a-n*	el dinero

- El plural **les** *(le)*, los, las:

les hommes	*lesom*	los hombres
les femmes	*le fam*	las mujeres
les enfants	*lesa-nfa-n*	los niños

Los artículos indefinidos

En singular existen dos artículos: **une** para el femenino, y **un** para el masculino:

un vélo	*œ-n v'elo*	una bici
une voiture	*ün v'uatür*	un coche

Observe que en francés bici es masculino y coche femenino.

El plural de los dos géneros es **des**:

des vélos	*de v'elo*	(unas) bicicletas
des voitures	*de v'uatür*	(unos) coches

Los artículos partitivos

Cuando la frase no es negativa y se quiere indicar una cantidad indeterminada el francés antepone siempre al sustantivo uno de los artículos partitivos: **du**, **de la**, **de l'**, **des**. Observe que no se puede decir "de le" ni tampoco "de les".

(de le) → du	**du pain**	*dü pë-n*	pan
de la	**de la viande**	*dœ la v'ia-nd*	carne
(de les) → des	**des fruits**	*de früi*	fruta
de l'	**de l'eau**	*dœ l'o*	agua

Si la frase es negativa el partitivo **des** se transforma en **de**, **d'**:

Il n'y a pas de fruits.
ilnia pa dœ früi
No hay fruta.

Il n'y a pas d'eau.
ilnia pa do
No hay agua.

Por el momento no se preocupe si no domina bien estas formas, lo importante es comprender y que le comprendan.

Algunos ejemplos más:

Je voudrais* du / un café.
j'œ v'udrë dü / œ-n kafe.
Quisiera café / un café.

Je veux de la confiture.
j'œ v'œ dœ la ko-nfitür
Quiero mermelada.

Tu veux du thé ou du café ?
tü v'œ dü te u dü kafe
¿Quieres té o café?

* **Je voudrais**, primera persona del condicional del verbo **vouloir**, *v'uluar, querer,* se utiliza para expresar el tratamiento de cortesía.

JE VOUDRAIS UN CAFÉ.
(Quisiera un café.)

de l'eau	*dœ lo*	agua
du vin	*dü v'ë-n*	vino
du pain	*dü pë-n*	pan
du vent	*dü v'a-n*	viento
du brouillard	*dü bruyar*	niebla

LOS ADJETIVOS

Los adjetivos concuerdan en género y número con el nombre que acompañan.

Si el nombre es femenino se añade en la mayoría de los casos una **e** o se dobla la consonante final y se añade luego la **e**.

En general, para formar el plural se añade una s.

En el léxico del final del libro le damos los adjetivos en masculino.

singular	plural
le grand bâtiment *lœ gra-n batima-n* el gran edificio	**les grands bâtiments** *le gra-n batim-an* los grandes edificios
la grande ville *la gra-nd v'il* la gran ciudad	**les grandes villes** *le gra-nd v'il* las grandes ciudades
un grand appartement *œ-n gra-ntapartœma-n* un piso grande	**de grands appartements** *dœ gra-nsapartœma-n* unos pisos grandes

Recuerde que algunas letras no se pronuncian, guíese por la transcripción fonética que le proponemos.

Los adjetivos calificativos se colocan detrás o delante del nombre.

Observe que el artículo plural **des** se convierte en **de** cuando está delante del adjetivo (**des grands appartements – de grands appartements**).

l'économie française
lekonomi fra-nsës
la economía francesa

la mèche blonde
la mësh blo-nd
la mecha rubia

le parti socialiste
lœ parti sosialist
el partido socialista

la boîte bondée
la buat bo-nde
la discoteca atestada de gente

Los adjetivos más corrientes

Como ya hemos dicho, el femenino de los adjetivos se forma añadiendo la terminación e al masculino. Sin embargo, existen algunas excepciones. Aquí tiene una lista de los adjetivos más usuales. Le damos sistemáticamente el masculino, el femenino y después del guión (–) su contrario.

UN GRAND BÂTIMENT
(un gran edificio)

beau / belle –	*boo/bël*	bonito/a, guapo/a –
laid/e	*lë/d*	feo,a
bon/bonne –	*bo-n/bon*	bueno/a
mauvais/e	*mov'ë/s*	malo/a
long/longue – court/e	*lo-n/lo-ng – kur/kurt*	largo/a – corto/a
grand/e –	*gra-n/d*	grand/e, alto/a –
petit/e	*pœti/t*	pequeño/a, bajo/a
lent/e – rapide	*la-n/t – rapid*	lento/a – rápido/a
ouvert/e – fermé/e	*uv'ër/t – fërme*	abierto/a – cerrado/a
jeune – vieux/vieille	*j'œn – v'iœ/v'iëy*	joven – viejo/a
plein/e – vide	*plë-n/plën – v'id*	lleno/a – vacío/a
cher/chère –	*shër –*	caro/a – barato/a
bon marché	*bo-n marshe*	
bas/se – haut/e	*ba/s – o/t*	bajo/a – alto/a
facile – difficile	*fasil – difisil*	fácil – difícil
juste – faux/fausse	*j'üst – fo/s*	certero/a – falso/a
froid/e – chaud/e	*frua/d – sho/d*	frío/a – caliente
léger/légère –	*lej'e/lej'ër –*	ligero/a – pesado/a
lourd/e	*lur/d*	

Construir frases con los adjetivos es muy sencillo:

Le vélo est rapide.
lœ v'elo ë rapid
La bici es rápida.

Le ciel est bleu.
lœ siël ë blœ
El cielo es azul.

Los colores

noir/e	*nuar*	negro/a
blanc / blanche	*bla-n / bla-nsh*	blanco/a
rouge	*ruj'*	rojo/a
vert/e	*v'ër/t*	verde
bleu/e	*blœ*	azul
jaune	*j'on*	amarillo/a
marron	*maro-n*	marrón
gris/e	*gri/gris*	gris

foncé/e	*fo-nse*	obscuro/a
clair/e	*klër*	claro/a

Memorice los adjetivos que poseen una forma en femenino.

El comparativo y el superlativo

El comparativo de superioridad o inferioridad se forma anteponiendo al adjetivo los adverbios: **plus**, *más*; o **moins**, *menos*.

El superlativo se forma con **le/la plus**, *el/la más*, o **le/la moins**, *el/la menos*, y para el plural con **les plus / les moins**, *los/las más, los/las menos*.

jeune	*j'œn*	joven
plus jeune	*plü j'œn*	más joven
moins jeune	*muë-n j'œn*	menos joven
le plus jeune	*lœ plü j'œn*	el más joven
la plus jeune	*la plü j'œn*	la más joven
les plus jeunes	*le plü j'œn*	los/las más jovenes

Il a le vélo le plus rapide.
ila lœ v'elo lœ plü rapid
Tiene la bici más rápida.

Il est le moins gentil.
ilë lœ muë-n j'a-nti
Es el menos amable.

Elle est la plus intelligente.
ël ë la plüsë-ntelij'a-nt
Es la más inteligente.

Ils sont les plus petits.
Il so-n le plü pœti
Son los más pequeños.

A continuación le damos las formas irregulares:

bon	*bo-n*	bueno
meilleur	*mëyœr*	mejor
le meilleur	*lœ mëyœr*	el mejor
mauvais	*mov'ë*	malo
pire	*pir*	peor
le pire	*lœ pir*	el peor

La comparación

Para indicar la comparación se utiliza la partícula **que**, *que*:

La voiture est plus rapide que le vélo.
la v'uatür ë plü rapid kœ lœ v'elo
El coche es más rápido que (ir en) la bici.

Aller à pied est moins rapide qu'aller en vélo.
ale a pie ë muë-n rapid kale a-n v'elo
Ir a pie es menos rápido que en bici.

El comparativo de igualdad se forma con **aussi … que**, *tan … como*:

Julie est aussi grande que Céline.
J'üli ëtosi gra-nd kœ selin
Julie es tan alta como Céline.

Los adjetivos posesivos

El adjetivo posesivo francés presenta para las personas de habla castellana algunas dificultades. Veamos el cuadro siguiente:

Un sólo objeto poseído					Varios objetos poseídos		
	masc.		fem.		masc. y fem.		
mi	**mon**	*mo-n*	**ma**	*ma*	mis	**mes**	*me*
tu	**ton**	*to-n*	**ta**	*ta*	tus	**tes**	*te*
su	**son**	*so-n*	**sa**	*sa*	sus	**ses**	*se*
	masc. y fem.				masc. y fem.		
nuestro,a	**notre**	*notr*			nuestros,as	**nos**	*no*
vuestro,a	**votre**	*v'otr*			vuestros,as	**vos**	*vo*
su	**leur**	*lœr*			sus	**leurs**	*lœr*

Delante de una palabra de género femenino que comience por vocal o h muda hay que emplear **mon**, **ton**, **son**, en lugar de **ma**, **ta**, **sa**.

Mon amie.	*mo-nami.*	Mi amiga.

Observe que en plural se utiliza **notre** y **votre** para los dos géneros cuando se trata de varios poseedores que poseen un sólo objeto y **nos** y **vos** cuando poseen varios objetos:

Notre vélo.	*notr v'elo*	Nuestra bici.
Nos valises.	*no v'alis*	Nuestras maletas.

No olvide que en francés se trata de usted con la segunda personal del plural:

Votre enfant.	*v'otra-nfa-n.*	Vuestro hijo / Su hijo.

Los adjetivos demostrativos

El adjetivo demostrativo es muy fácil de memorizar:

masculino	femenino	plural
ce *sœ* este, ese	**cette** *sët* esta, esa	**ces** *se* estos, estas esos, esas

ce vélo	*sœ v'elo*	esta, esa bici
cette voiture	*sët v'uatür*	este, ese coche
ces copines	*se kopin*	estas, esas compañeras

Sepa que el demostrativo masculino **ce** se convierte en **cet** delante de una vocal o h muda:

cet ordinateur	*sëtordinatœr*	este ordenador

LOS ADVERBIOS

Los adverbios indican lugar, tiempo, manera, cantidad, cualidad, orden, etc.

Formación de los adverbios a partir del adjetivo

Cuando el adjetivo masculino acaba en vocal se añade la terminación **-ment**. Si acaba en consonante se añade **-ment** a la forma femenina del adjetivo.

Los adjetivos terminados en **-ant** o **-ent** suprimen la **t** final y cambian la **n** en **m**.

Existen varias formas irregulares pero no se preocupe, poco a poco irá aprendiéndolas.

Los adverbios se colocan en general después del verbo, y delante de los adjetivos, participios, y otros adverbios.

• Formas regulares

Adjetivo		Adverbio	
lent	*la-n*	**lentement**	*la-nt(œ)ma-n*
rapide	*rapid*	**rapidement**	*rapid(œ)ma-n*
heureux	*œrœ*	**heureusement**	*œrœs(œ)ma-n*

• Formas irregulares

Adjetivo		Adverbio	
bon	*bo-n*	**bien**	*biё-n*
mauvais	*mov'ё*	**mal**	*mal*
peu de	*pœ dœ*	**peu**	*pœ*
beaucoup de	*boku dœ*	**beaucoup**	*boku*
		vite	*v'it*

Il y a un bon film ce soir.
ilia œ-n bo-n film sœsuar
Hay una buena película esta noche.

Le film raconte bien l'histoire.
lœ film rako-nt biё-n listuar
La película cuenta bien la historia.

Los pronombres personales

Los pronombres personales son:

	sujetos	complementos
yo	**je** *j'œ*	**me** *mœ* ; **moi** *mua*
tú	**tu** *tü*	**te** *tœ* ; **toi** *tua*
él	**il** *il*	**lui** *lüi*, **le** *lœ* ; **la** *la*
ella	**elle** *ël*	**lui** *lüi*, **le** *lœ* ; **la** *la*
usted	**vous** *v'u*	**vous, le, la, lui**
nosotros	**nous** *nu*	**nous**
vosotros	**vous** *v'u*	**vous**
ellos	**ils** *il*	**leur** *lœr* ; **les** ; **eux** *œ*
ellas	**elles** *ël*	**leur, les, elles**
ustedes	**vous** *v'u*	**leur, les, eux, elles**

En francés los verbos van siempre acompañados de los pronombres personales para indicar el sujeto: **je bois**, *(yo) bebo*; **tu bois**, *(tú) bebes…*

Delante de vocal o h muda, **je**, **me**, **te**, **le**, **la** pierden la vocal que se sustituye por un apóstrofo:

J'ai une maison.
j'ë ün meso-n
Tengo una casa.

Je t'aime.
j'œ tëm
Te amo.

Acostúmbrese a utilizar el pronombre **vous** y la segunda persona del verbo en plural cuando quiera tratar de usted a alguien tanto en singular como en plural. No olvide que el francés es más formal que el español y utiliza muy a menudo este tratamiento, sobre todo entre personas que no se conocen.

El pronombre indefinido

En la lengua hablada muy a menudo se sustituye el pronombre **nous**, *nosotros*, por **on**, *se*. **On** es un pronombre sujeto de la 3ª persona del singular.

On va au cinéma.
o-n v'a o sinema
Vamos al cine.

Los pronombres de insistencia

Si se quiere insistir en la persona que realiza la acción o marcar la oposición, el francés emplea pronombres específicos:

Moi, je suis le premier !
mua, j'œ süi lœ prœmie
¡Soy yo el primero!

Sucede lo mismo cuando se habla por teléfono:

Allô, c'est toi ?
alo, së tua
Oye, ¿eres tú?

Oui, c'est moi.
ui, së mua
Sí, soy yo.

Estos pronombres se emplean también para insistir en el poseedor:

Ce livre est à moi!
sœ liv'r ëta mua
¡Este libro es mío!

C'est mon livre.
së mo-n liv'r
Es mi libro.

La primera forma insiste más en el poseedor que la segunda.

LAS CONJUNCIONES

et	*e*	y
mais	*më*	pero

donc	*do-nk*	pues
ou	*u*	o
aussi	*osi*	tan
comme	*com*	que / como
si	*si*	tan
parce que	*parsœkœ*	porque
que	*kœ*	que

EL ORDEN DE LAS PALABRAS EN LA FRASE

La forma más sencilla es: sujeto – verbo – objeto.

Je suis française.
j'œ süi fra-nsës
Soy francesa.

Tu as un vélo.
tü a œ-n v'elo
Tú tienes una bici.

Fíjese que si se trata de un pronombre complemento, éste se coloca delante del verbo:

J'aime Nathalie.
j'ëm natali
Quiero a Nathalie.

Je t'aime.
j'œ tëm
Te quiero.

EL VERBO

Veamos primero los dos verbos auxiliares más importantes: **avoir**, *haber, tener* y **être,** *ser, estar*. Los dos son muy irregulares.

Los verbos "être" y "avoir"

- **Être** – *ëtr* – ser/estar

je suis	*j'œ süi*	soy / estoy
tu es	*tü ë*	eres / estás

il / elle est	*il / ël ë*	es / está
nous sommes	*nu som*	somos / estamos
vous êtes	*v'usët*	sois / estáis
ils / elles sont	*il / ël so-n*	son / están

Je suis étudiante.
j'œ süisetüdia-nt
Soy estudiante.

Tu es riche.
tü ë rish
Eres rico.

Elle est sympa.
ël ë së-npa
Es simpática.

Nous sommes ensemble.
nu somsa-nsa-nbl
Estamos juntos.

Vous êtes jeunes.
v'usët j'œn
Sois jóvenes.

Ils sont trop chers.
il so-n tro shër
Son demasiado caros.

• **Avoir** – *av'uar* – haber

j'ai	*j'ë*	tengo / he
tu as	*tü a*	tienes / has
il / elle a	*il / ël a*	tiene / ha
nous avons	*nusav'o-n*	tenemos / hemos
vous avez	*v'usav'e*	tenéis / habéis
ils / elles ont	*il / ëlso-n*	tienen / han

J'ai raison.
j'ë rëso'n
Tengo razón.

Tu as froid.
tü a frua
Tienes frío.

Elle a deux enfants.
ël a dœsa-nfa-n
Tiene dos niños.

Nous avons soif.
nusav'o-n suaf
Tenemos sed.

Vous avez faim.
v'usav'e fë-n
Tenéis hambre.

Ils ont un chat.
ilso-n œ-n sha
Tienen un gato.

- **Expresiones con "avoir" y "être"**

Con "avoir"		
avoir honte	*av'uar o-nt*	tener vergüenza
avoir pitié	*av'uar pitie*	tener piedad
avoir faim	*av'uar fë-n*	tener hambre
avoir horreur de	*av'uar orœr dœ*	no gustar nada
avoir froid	*av'uar frua*	tener frío
avoir envie	*av'uar a-nv'i*	tener ganas
en avoir marre	*a-nav'uar mar*	estar harto,a
avoir peur	*av'uar pœr*	tener miedo
avoir raison	*av'uar rëso-n*	tener razón
avoir besoin	*av'uar bœsuë-n*	necesitar

Con "être"		
être branché	*ëtr bra-nshe*	estar al loro, de moda
être en train de	*ëtr a-n tre-n dœ*	estar haciendo algo
être à sec	*ëtr a sëk*	estar seco, sin beber, pelado, agotado

La conjugación

En francés existen tres conjugaciones de verbos. Se las reconoce por la terminación del infinitivo:

- 1er grupo: verbos en **-er**
- 2o grupo: verbos en **-ir**
- 3er grupo: verbos en **-re, -ir, -oir** + el verbo **aller** (*ir*)

No queremos entrar en detalles ya que sería demasiado aburrido para usted. Le proponemos una lista de los verbos más comunes. Aunque en un principio no pueda aprenderlos todos no se preocupe, de una u otra manera le entenderán y los irá aprendiendo con el tiempo. Empiece por aprender el infinitivo y la primera persona del presente y ya podrá decir muchas cosas. Todos los diccionarios le proponen una lista de verbos irregulares (los del 3er grupo), no dude en hacer uso de ellos.

Formar los diferentes tiempos de un verbo es un poco más complicado. De momento no es imprescindible conocerlos todos. Nos contentaremos con darle los más empleados: el presente, que se utiliza también para indicar una acción futura, y el pretérito perfecto. Estos dos tiempos le permitirán desenvolverse rápidamente, sin necesidad de tener que aprenderse el resto.

El presente

• Verbos del 1er grupo en -er

parler *parle* hablar		
je	**parle**	*parl*
tu	**parles**	*parl*
il / elle	**parle**	*parl*
nous	**parlons**	*parlo-n*
vous	**parlez**	*parle*
ils / elles	**parlent**	*parl*

Es mucho más fácil hablar el francés que escribirlo. Observe que las tres primeras personas del singular se pronuncian igual pero se escriben de diferente manera.

Existen muchos verbos de la primera conjugación y casi todos son regulares.

Algunos ejemplos: **manger**, *comer*, **donner**, *dar*, **montrer**, *enseñar*, **aimer**, *amar*, **demander**, *pedir, preguntar*, **rencontrer** *encontrar*, **écouter**, *escuchar*, etc. Cuidado con el verbo **aller**, *ir* que es del 3er grupo y tiene una conjugación particular. Se la daremos más adelante.

• Verbos del 2º grupo en -ir

finir *finir* acabar, terminar		
je	**finis**	*fini*
tu	**finis**	*fini*
il / elle	**finit**	*fini*

nous	**finissons**	*finiso-n*
vous	**finissez**	*finise*
ils / elles	**finissent**	*finis*

Los verbos **fleurir**, *florecer*, **haïr**, *odiar*, **définir**, *definir*, **éclaircir**, *aclarar*, **mincir**, *adelgazar* se conjugan según este modelo.

• Verbos del 3er grupo en -ir

partir *partir* partir		
je	**pars**	*par*
tu	**pars**	*par*
il / elle	**part**	*par*
nous	**partons**	*parto-n*
vous	**partez**	*parte*
ils / elles	**partent**	*part*

Los verbos **dormir**, *dormir*, **courir,** *correr*, **sentir**, *oler* entre otros se conjugan según el modelo.

Cuidado, los verbos en **-oir** como **savoir**, *saber*, **pouvoir**, *poder*, **vouloir**, *querer*, **devoir**, *deber* no se conjuguan según este modelo. Más adelante le daremos la conjugación de **vouloir** y **pouvoir**.

• Verbos del 3er grupo en -re

comprendre *ko-npra-ndr* comprender		
je	**comprends**	*ko-npra-n*
tu	**comprends**	*ko-npra-n*
il / elle	**comprend**	*ko-npra-n*
nous	**comprenons**	*ko-nprœno-n*
vous	**comprenez**	*ko-nprœne*
ils / elles	**comprennent**	*ko-nprën*

Prendre, *coger* también se conjuga según este modelo. No es el caso con los verbos: **faire**, *hacer*, **boire**, *beber*, **dire**, *decir*, **croire**, *creer*...

A continuación le damos algunos verbos importantes del 3er grupo:

	ir		hacer	
	aller	*ale*	**faire**	*fër*
je	**vais**	*v'ë*	**fais**	*fë*
tu	**vas**	*v'a*	**fais**	*fë*
il/elle	**va**	*v'a*	**fait**	*fë*
nous	**allons**	*alo-n*	**faisons**	*fœso-n*
vous	**allez**	*ale*	**faites**	*fët*
ils/elles	**vont**	*v'o-n*	**font**	*fo-n*

	querer*		poder	
	vouloir	*v'uluar*	**pouvoir**	*puv'uar*
je	**veux**	*v'œ*	**peux**	*pœ*
tu	**veux**	*v'œ*	**peux**	*pœ*
il/elle	**veut**	*v'œ*	**peut**	*pœ*
nous	**voulons**	*v'ulo-n*	**pouvons**	*puv'o-n*
vous	**voulez**	*v'ule*	**pouvez**	*puv'e*
ils/elles	**veulent**	*v'œl*	**peuvent**	*pœv'*

* querer algo, diferente de amar

Algunas expresiones con el verbo **faire**:		
faire du stop	*fër dü stop*	hacer autoestop
faire le plein	*fër lœ plë-n*	llenar el depósito
faire la queue	*fër la kœ*	hacer cola
faire confiance	*fër ko-nfia-ns*	tener confianza
faire la cuisine	*fër la küisin*	cocinar
faire la gueule	*fër la gœl*	estar de morros
faire la lessive	*fër la lesiv'*	lavar la ropa
faire la vaisselle	*fër la v'esël*	fregar los platos
il fait chaud / froid	*il fë sho / frua*	hace calor / frío

El pretérito perfecto

El pretérito perfecto se forma con el presente de los auxiliares **avoir** y **être** seguido del participio pasado del verbo que se quiere conjugar:

FAIRE LA GUEULE
(estar de morros)

J'ai aimé.
j'ë ëme
He amado.

Tu t'es lavé.
tü të lav'e
Te (m.) has lavado.

Ils ont marché.
ils̲o-n marshe
Han caminado.

Nous nous sommes aimés.
nu nu soms̲ëme
Nos hemos amado.

• **Formación del participio pasado**

Los verbos de la primera conjugación en **-er**: **parler** → **parlé**, **aimer** → **aimé**.

Los verbos de la segunda conjugación en **-ir**: **finir** → **fini**, **haïr** → **haï**

Los verbos de la tercera conjugación en **-ir**: **dormir** → **dormi** y en **-re**: **attendre** → **attendu**, **vendre** → **vendu**.

La mayoría de los verbos compuestos se conjugan con **avoir**:

J'ai changé d'avis.
j'ë sha-nge dav'i
He cambiado de opinión.

El participio pasado conjugado con **avoir** concuerda en género y número con el complemento de objeto directo solamente cuando éste precede al verbo.

Je l'ai vu.
j'œ lë vü
Yo lo he visto.

Je l'ai vue.
j'œ lë vü
Yo la he visto.

Se conjugan con **être**:

• los verbos de la forma pasiva:

Ils ont été reçus.
il<u>s</u>o-n ete rœsü
Han sido recibidos (= Les han recibido)*.
*La forma pasiva se utiliza con más frecuencia en francés que en castellano.

• los verbos pronominales:

Je me suis lavé.
j'œ mœ süi lav'e
Me he lavado.

• los verbos de movimiento (excepto algunas excepciones) como: **aller**, *ir*, **arriver**, *llegar*, **naître**, *nacer*, **partir**, *irse*, **rentrer**, *volver a casa...*, **rester**, *quedarse*, **venir**, *venir*, **tomber**, *caer*, **sortir**, *salir*, **entrer**, *entrar*, **mourir**, morir...

Il est allé travailler.
ilëtale trav'aye
Ha ido a trabajar.

El participio pasado conjugado con **être** concuerda en género y número con el sujeto del verbo:

Marie est allée travailler.
Mari ëtale trav'aye
Marie ha ido a trabajar.

Expresar el futuro con el presente

Ya hemos visto detenidamente el presente de los diferentes grupos de verbos regulares franceses. Todos los verbos pueden conjugarse en futuro, sin embargo, también existe otra forma de expresar una acción futura utilizando el presente. Para ello es necesario conocer algunas palabras que definen en qué momento del futuro se desarrolla la acción:

dans une minute / dans une heure / dans une semaine / dans un mois / dans un an…
da-nsün minüt / da-nsün œr / da-nsün sœmën / da-nsœ-n mua / da-nsana-n
dentro de un minuto / una hora / una semana / un mes / un año…

tout à l'heure / demain / après-demain / dans trois jours / dans quinze jours…
tuta lœr / dœmë-n / aprë dœmë-n / da-n trua j'ur / da-n kë-ns j'ur
después / mañana / pasado mañana / dentro de tres días / dentro de quince días…

demain soir / demain matin…
dœmë-n suar / dœmë-n matë-n
mañana por la tarde, noche / mañana por la mañana…

Una vez que se ha precisado el momento en que se desarrolla la acción se conjuga el verbo en presente:

Demain nous allons au cinéma.
dœmë-n nus̲alo-n o sinema
Mañana vamos / iremos al cine.

Dans une semaine je suis en vacances.
da-ns̲ün sœmën j'œ süis̲a-n v'aka-ns
Dentro de una semana estoy/estaré de vacaciones.

Esta forma se utiliza muy a menudo en francés. El verdadero futuro es más elegante o más apropiado a largo plazo, pero para comenzar es suficiente.

El imperativo

Quizá no tenga ocasión de emplear este tiempo pero siempre viene bien conocerlo. Veamos algunos ejemplos:

Parle !	*parl*	¡Habla!
Parlez !	*parle*	¡Hable! / ¡Hablen! / ¡Hablad!
Viens !	*v'ie-n*	¡Ven!
Venez !	*v'œne*	¡Venga! / ¡Vengan! / ¡Venid!
Vas-y !	*v'as̲i*	¡Ve allí!
Allez-y !	*ales̲i*	¡Vaya! / ¡Vayan! / ¡Id allí!
Attend !	*ata-n*	¡Espera!
Attendez !	*ata-nde*	¡Espere! / ¡Esperen! / ¡Esperad!

LA NEGACIÓN

Si se trata de contestar negativamente a una pregunta, le será suficiente con decir **non**, *no*, o **non merci**, *no gracias*.

Para poner una frase en la forma negativa hay que utilizar el giro: **ne** o **n'** + verbo + **pas**:

Tu es gentil. *tü ë j'a-nti* Eres amable.	**Tu n'es pas gentil.** *tü në pa j'a-nti* No eres amable.
Je parle français. *j'œ parl fra-nse* Hablo francés.	**Je ne parle pas français.** *j'œ nœ parl pa fra-nse* No hablo francés.
Elle a vingt ans. *ëla v'ë-nta-n* Tiene veinte años.	**Elle n'a pas vingt ans.** *ël na pa v'ë-nta-n* No tiene veinte años.

Observe que cuando **ne** va seguido de una palabra que empieza por vocal se convierte en **n'**.

Otras negaciones		
ne ... rien	*nœ riё-n*	no ... nada
ne ... jamais	*nœ j'amë*	no ... jamás
ne ... plus	*nœ plü*	no ... más
ne ... personne	*nœ përson*	no ... nadie
ne ... pas non plus	*nœ pa no-n plü*	no ... tampoco

LA INTERROGACIÓN

Como en francés no existe el punto de interrogación al principio de la frase interrogativa, se puede formular una pregunta de tres maneras diferentes:

• La más fácil es utilizar una frase afirmativa elevando la voz al final de la frase:

Tu manges beaucoup. *tü ma-nj' boku* Comes mucho.	**Tu manges beaucoup ?** *tü ma-nj' boku* ¿Comes mucho?

• La segunda posibilidad, de hecho la más empleada, es empezar la frase negativa con **est-ce que**:

Est-ce que tu manges beaucoup ?
ëskœ tü ma-nj' boku
¿Comes mucho?

Il a raison.
ila rëso-n
Tiene razón.

Est-ce qu'il a raison ?
ëskila rëso-n
¿Tiene razón?

Observe que delante de vocal **que** se convierte en **qu'**.

• La tercera forma es más literaria, más elegante. Se utiliza cuando se quiere expresar respeto y educación. Se invierte el orden del verbo y del sujeto de la frase afirmativa:

Vous connaissez un hôtel pas cher.
v'u konëse anotel pa shër
Usted conoce un hotel barato.

Connaissez-vous un hôtel pas cher ?
konëse v'u anotel pa schër
¿Conoce usted un hotel barato?

Vous parlez français.
v'u parle fra-nsë
Usted habla francés.

Parlez-vous français ?
parle v'u fra-nsë
¿Habla usted francés?

Algunas palabras útiles para formular preguntas:

où ?	*u*	¿dónde?
quoi ?	*kua*	¿qué?
quand ?	*ka-n*	¿cuándo?
comment ?	*koma-n*	¿cómo?
combien ?	*ko-nbië-n*	¿cuánto?
qui ?	*ki*	¿quién?
pourquoi ?	*purkua*	¿por qué?
combien de temps ?	*ko-nbië-n dœ ta-n*	¿cuánto tiempo?

CONNAISSEZ-VOUS UN HÔTEL PAS CHER ?
(¿Conoce usted un hotel barato?)

Ejemplos:

Quand est-ce que le bus arrive ?
ka-ntëskœ lœ büs ariv'
¿Cuándo pasa el autobús?

Comment ça va ?
koma-n sa v'a
¿Qué tal? / ¿Cómo estás?

Pourquoi est-ce que tu ne dis rien ?
purkua ëskœ tü nœ di rië-n
¿Por qué no dices nada?

LAS PREPOSICIONES

Las más importantes son **de** (o **d'** delante de vocal) y **a**:

Je viens de Lyon.
j'œ v'ië-n de lio-n
Vengo de Lyon.

Je vais à Berlin.
j'œ v'ë a bërlë-n
Voy a Berlín.

JE VIENS DE...
(Vengo de...)

D'où viens-tu ?
du v'ie-n tü
¿De dónde vienes?

J'habite à Bordeaux.
j'abit a bordo
Vivo en Burdeos.

Tu parles de quoi ?
tü parl dœ kua
¿De qué hablas?

Otras preposiciones

sur	*sür*	sobre / en
chez	*she*	en casa de
derrière	*dëriër*	detrás
dans	*da-n*	dentro de / en
avec	*av'ëk*	con
loin de	*luë-n dœ*	lejos de
au lieu de	*o liœ dœ*	en lugar de
en	*a-n*	en
malgré	*malgre*	a pesar de
par	*par*	por / para

pour	*pur*	para / por
depuis	*dœpüi*	desde/desde hace
sous	*su*	bajo
devant	*dœv'a-n*	delante
après	*aprë*	después
avant	*av'a-n*	antes
sans	*sa-n*	sin
près de	*prë dœ*	cerca de
contre	*ko-ntr*	contra
entre	*a-ntr*	entre
jusqu'à	*j'üska*	hasta
pendant	*pa-nda-n*	durante
sauf	*sof*	salvo

El empleo de las preposiciones en francés es un poco complicado. No se pueden traducir literalmente del español ya que las reglas para emplearlas difieren mucho. Por ahora, intente aprenderlas de memoria, cuando vaya dominando más la lengua sabrá utilizarlas correctamente.

Je suis à Madrid.
j'œ süisa madrid
Estoy en Madrid.

LOS NÚMEROS Y LAS MEDIDAS

Los cardinales

0	**zéro**	*sero*
1	**un, une**	*œ-n, ün*
2	**deux**	*dœ*
3	**trois**	*trua*
4	**quatre**	*katr*
5	**cinq**	*së-nk*

6	**six**	*sis*
7	**sept**	*sët*
8	**huit**	*üit*
9	**neuf**	*nœf*
10	**dix**	*dis*
11	**onze**	*o-ns*
12	**douze**	*dus*
13	**treize**	*três*
14	**quatorze**	*kators*
15	**quinze**	*kë-ns*
16	**seize**	*sës*
17	**dix-sept**	*disët*
18	**dix-huit**	*disüit*
19	**dix-neuf**	*disnœf*
20	**vingt**	*v'ë-n*

21	**vingt et un**	*v'ë-nte-œ-n*
22	**vingt-deux**	*v'ë-ntdœ*
23	**vingt-trois**	*v'ë-nt trua*

30	**trente**	*tra-nt*
40	**quarante**	*kara-nt*
50	**cinquante**	*së-nka-nt*
60	**soixante**	*suasa-nt*
70	**soixante-dix**	*suasa-nt dis*
71	**soixante et onze**	*suasa-nte-o-ns*
72	**soixante-douze**	*suasa-nt dus*
80	**quatre-vingts**	*katrœv'ë-n*
81	**quatre-vingt-un**	*katrœv'ë-n-œ-n*
90	**quatre-vingt-dix**	*katrœv'ë-n dis*
97	**quatre-vingt-dix-sept**	*katrœv'ën disët*

100	**cent**	*sa-n*
101	**cent un**	*sa-n œ-n*
111	**cent onze**	*sa-n o-ns*
180	**cent quatre-vingts**	*sa-n katrœv'e-n*

200	**deux cents**	*dœ sa-n*
300	**trois cents**	*trua sa-n*

1000	**mille**	*mil*
1100	**mille cent**	*mil sa-n*
1200	**mille deux cents**	*mil dœ sa-n*
10.000	**dix mille**	*di mil*
100.000	**cent mille**	*sa-n mil*
1.000.000	**un million**	*œ-n milio-n*

Entre 60 y 79 los números se forman añadiendo a **soixante** los 19 primeros números; se hace lo mismo entre 80 y 99, añadiendo dichos números a **quatre-vingt**.

Entre decenas y unidades se coloca un guión, excepto si van unidos por la conjunción **et**.

Los ordinales

premier	**1er**	*prœmie*	primero
première	**1re**	*prœmiër*	primera
deuxième	**2e**	*dœsiëm*	segundo,a
troisième	**3e**	*truasiëm*	tercero,a
quatrième	**4e**	*katriëm*	cuarto,a
centième	**100e**	*sa-ntiëm*	centésima

Todos los ordinales se utilizan en francés:

au trente-cinquième étage
o tra-nt së-nkiëm etaj'
en el piso trenta y cinco

une fois	*ün fua*	una vez
deux fois	*dœ fua*	dos veces
trois fois	*trua fua*	tres veces
quelquefois	*këlkœfua*	algunas veces

un litre	*œ-n litr*	un litro
une livre	*ün liv'r*	una libra
cent grammes	*sa-n gram*	cien gramos
un demi-litre	*œ-n dœmi litr*	medio litro
un kilo	*œ-n kilo*	un kilo
une paire	*ün për*	un par
quelques	*këlkœ*	algunos,as
une douzaine	*ün dusën*	una docena
la moitié	*la muatie*	la mitad
un quart	*œ-n kar*	un cuarto
un tiers	*œ-n tiër*	un tercio
le double	*lœ dubl*	el doble
un morceau	*œ-n morso*	un trozo

MINIGUÍA DE LAS COSTUMBRES FRANCESAS

Existen muchos estereotipos sobre el carácter de los franceses, sin embargo no siempre responden a la realidad, como ocurre en el resto de los países.

Detallar la manera de ser de los franceses significaría tener que establecer distinciones según las regiones y las generaciones. Para simplificar haremos una división entre las regiones situadas al norte del Loira y las regiones que están situadas al sur (antigua división lingüística); así pues, diremos que el carácter de los habitantes del norte es diferente con respecto a los del sur. La gente del sur es expresiva, espontánea, y alegre en sus gestos, incluso a veces algo exagerada; vive más al exterior y es muy acogedora. Estos son los principales rasgos que les distinguen de los habitantes del norte que tienen un carácter más reservado e incluso frío y distante cuando se les conoce por primera vez. Sin embargo, la amistad y la simpatía no están ausentes, una vez que se han dado los primeros pasos pueden llegar a ser muy calurosos.

Por regla general, los franceses son respetuosos y muy independientes, llegando a ser incluso individualistas, aspecto que ellos mismos critican.

Defensores de sus tradiciones, les hace ser a veces muy celosos de sus cosas. Las tradiciones francesas que identifican de una manera más clara el carácter francés son la gastronomía (destacando sobre todo los vinos y los quesos), la moda y, por supuesto, su gusto por el lujo.

El cine, el teatro, la música y la pintura siguen siendo los principales polos de interés. Les gusta ir a cenar con sus amigos al restaurante o bien invitarlos a su casa donde se entregan a la conversación y al placer de la buena mesa.

Cuando se conoce a un francés es costumbre tratarle de usted y utilizar un lenguaje cortés: el célebre **bonjour**, suele ir acompañado de **Madame**, **Monsieur** o **Mademoiselle**.

Asimismo, cuando se quiere pedir algo u obtener información se emplea:

Pourriez-vous ... ?
purrie v'u
¿Podría ...?

Je voudrais...
j'œ v'udrë
Quisiera...

LA COMUNICACIÓN A TRAVÉS DE GESTOS Y ONOMATOPEYAS

En Francia se saluda dando la mano. Entre amigos y jóvenes se dan dos, tres o cuatro besos en la mejilla, según la costumbre de cada región.

faire la bise	*fer la bis*	dar un beso
mon œil	*mo-n œy*	¡Narices! ¡Ni hablar!
se serrer la main	*sœ sere la më-n*	darse la mano

Onomatopeyas más comunes

aie !	¡ay!
bof !	¡buf!
oh la la !	¡jolín!
zut !	¡porras!

PRIMER CONTACTO

La primera vez que se conoce a alguien es importante dar una buena impresión.

A continuación le damos algunos elementos de conversación que le permitirán entrar en contacto con su interlocutor y responder a sus preguntas.

Recuerde que el francés tiene más tendencia a tratar de usted que de tú, sobre todo si las personas no se conocen.

Bonjour.
bo-nj'ur
Hola.

Enchanté(e) !
a-nsha-nte
¡Encantado,a!

Comment vous appelez-vous ?
koma-n vusapœle vu
¿Cómo se llama usted?

Je m'appelle Julia.
j'œ mapël J'ülia.
Me llamo Julia.

D'où venez-vous ?
du v'œne vu
¿De dónde es?

Je viens de Laredo.
j'œ vië-n dœ laredo
Soy de Laredo.

De quelle région ?
dœ këI rej'io-n
¿De qué región?

De Cantabrique.
dœ cantabrik
De Cantabria.

Je ne connais pas, où est-ce ?
j'œ nœ konë pa, u ës
No conozco. ¿Dónde está?

Au nord de l'Espagne.
o nor dœ lëspañ
En el norte de España.

Después de esta breve presentación quizá le apetezca conocer mejor a su interlocutor. Aquí tiene algunos elementos si desea quedar con él.

À tout à l'heure.
a tuta lœr
Hasta luego.

À demain.
a dœmë-n
Hasta mañana.

Je vais repasser
j'œ v'ë rœpase
Volveré a pasar.

Je vais te / vous téléphoner.
j'œ v'ë tœ / v'u telefone
Te / Le telefonearé.

Je propose…
j'œ propos
Propongo…

Je voudrais…
j'œ v'udrë
Quisiera…

J'espère te / vous revoir.
j'espër tœ / v'u rœv'uar
Espero volver a verte / verle.

Tu as / Vous avez déjà des projets pour demain ?
tü a / v'usav'e dej'a de proj'ë pur dœmë-n
¿Ya tienes / tiene algún plan para mañana?

Quand est-ce que tu es à la maison ?
ka-ntëskœ tü ë a la mëso-n
¿Cuándo estás en casa?

On va au cinéma / boire un pot ?
o-n v'a o sinema / buar œ-n po
¿Vamos al cine/ a tomar algo?

LA CASA, LA FAMILIA Y EL TRABAJO

Estado civil

marié(e)	*marie*	casado,a
fiancé(e)	*fia-nse*	prometido,a

célibataire	*selibatër*	soltero,a
divorcé(e)	*div'orse*	divorciado,a
veuf/veuve	*v'œf / v'œv'*	viudo,a

En Francia se tiene costumbre de vivir maritalmente, incluso durante muchos años, antes de casarse. Muchas parejas se casan sólo por lo civil sin necesidad de pasar por la iglesia. La boda civil tiene lugar en el Ayuntamiento y muy a menudo es presidida por el alcalde.

La familia

la femme	*la fam*	la mujer
le mari	*lœ mari*	el marido
le fils	*lœ fis*	el hijo
la fille	*la fiy*	la hija
la tante	*la ta-nt*	la tía
l'oncle	*lo-nkl*	el tío
le grand-père	*lœ gra-npër*	el abuelo
la grand-mère	*la gra-nmër*	la abuela
un ami	*œ-nami*	un amigo
une amie	*ünami*	una amiga
le père	*lœ për*	el padre
la mère	*la mër*	la madre

Soyez la bienvenue !
suaye la bië-nv'œnü
¡Bienvenida!

Soyez le bienvenu !
suaye lœ bië-nv'œnü
¡Bienvenido!

Soyez les bienvenus !
suaye le bië-nv'œnü
¡Bienvenidos!

Entrez !
a-ntre
¡Entre!

Asseyez-vous !
aseye v'u
¡Siéntese!

Vous êtes l'amie espagnole de Jean ?
v'usët lami ëspañol dœ j'a-n
¿Es usted la amiga española de Jean?

Oui, c'est moi.
ui, së mua
Sí, soy yo.

Quelle est votre profession ?
kël ë v'otr professio-n
¿Cuál es su profesión?

Je suis ouvrier / employé.
j'œ süisuv'rie / a-npluaye
Soy obrero / oficinista.

Je suis étudiant/e.
j'œ süisetüdia-n/t
Soy estudiante.

Je fais des études d'histoire / d'anglais.
j'œ fë desetüd distuar / da-nglë
Estoy estudiando historia / inglés.

Vous désirez boire quelque chose ?
v'u desire buar këlkœ shos
¿Desea beber algo?

Ça vous plaît, la France ?
sa v'u plë la fra-ns
¿Le gusta Francia?

Oui, beaucoup.
ui boku
Sí, mucho.

La casa

la maison	*la mës-on*	la casa
l'appartement	*lapartœma-n*	el piso
le jardin	*lœ j'ardë-n*	el jardín
la chambre	*la sha-nbr*	la habitación
le salon	*lœ salo-n*	el salón
la cuisine	*la küisin*	la cocina
la salle de bains	*la sal de bë-n*	el cuarto de baño
les toilettes	*le tualët*	los servicios

le travail	*trav'ay*	el trabajo
la profession	*profesio-n*	la profesión
étudiant(e)	*etüdia-n/t*	estudiante
lycéen(e)	*liseë-n*	colegial,a
chômeur/chômeuse	*shomœr, shomœs*	parado,a
ouvrier/ouvrière	*uv'rie, uv'riër*	obrero,a
employé(e)	*a-npluaye*	empleado,a; oficinista
techinicien(ne)	*teknisië-n, teknisiën*	técnico,a
apprenti(e)	*apran-ti*	aprendiz
artiste	*artist*	artista
commerçant(e)	*komërsa-n/t*	comerciante
artisan	*artisa-n*	artesano,a
fonctionnaire	*fo-nksionër*	funcionario,a
retraité(e)	*rœtrete*	jubilado,a

L'ARTISTE
(el artista)

Los horarios franceses son muy diferentes de los de España. Por regla general, se toma *el desayuno,* **le petit déjeuner** entre siete y ocho de la mañana; *la comida,* **le déjeuner,** entre las doce y la una del mediodía; los niños toman *la merienda,* **le gôuter**, a partir de las cuatro y media de la tarde y *la cena,* **le dîner,** entre las siete y media y ocho y media de la noche. Los franceses suelen invitar a menudo a cenar a los amigos en su casa; antes toman **l'apéritif**, y después de la cena suelen proponer un **digestif**. Por supuesto, la comida se acompaña siempre con *pan,* **pain**, *queso,* **fromage**, y *café,* **café**.

Si tiene amigos franceses y le invitan a cenar a su casa le aconsejamos que no vaya con las manos vacías; puede llevar *una botella de vino,* **une bouteille de vin**, *un ramo de flores,* **un bouquet de fleurs**, o una tarta o *pastel,* **un gâteau**... No olvide **faire des compliments**, *felicitar* a la persona que ha preparado la cena.

J'aime bien la soupe.
j'ëm bië-n la sup
Me gusta la sopa.

Comment c'est fait ?
koma-n së fë
¿Cómo lo ha hecho?

Que c'est bon !
kœ së bo-n
¡Qüé rico!

C'est excellent.
sëtëksëla-n
Está buenísimo.

MOVERSE EN FRANCIA

Algunas preguntas que podrán ayudarle:

Pour aller à ..., s'il vous plaît ?
purale a ..., sil v'u plë
¿Para ir a ..., por favor?

C'est à combien de kilomètres ?
sëta ko-nbië-n dœ kilomëtr
¿A cuántos kilómetros está?

Je cherche ..., s'il vous plaît.
j'œ shërsh ..., sil v'u plë
Estoy buscando ..., por favor.

Où se trouve ... ?
u sœ truv'
¿Dónde está ...?

Situarse

à droite	*a druat*	a la derecha
à gauche	*a gosh*	a la izquierda
tout droit	*tu drua*	todo recto
en haut	*a-n oo*	arriba
en bas	*a-n ba*	abajo
ici	*isi*	aquí
là	*la*	ahí
là-bas	*la ba*	allí
au coin	*o kue-n*	en la esquina / rincón

Los transportes públicos

Francia posee una excelente red de trenes y metros. La red ferroviaria pública, **SNCF**, *RENFE*, es una de las mayores de Europa occidental. El **TGV**, *AVE*, llega alcanzar velocidades de hasta 300 km por hora.

La **RATP** es un establecimiento público autónomo con carácter comercial e industrial que explota el **Metro** urbano, y el **RER**, trenes de cercanías. Además del metro, los transportes públicos en las ciudades son el autobús y los taxis.

Un aller deuxième classe pour Paris, s'il vous plaît.
œ-nale dœsiëm klas pur pari, sil v'u plë
Un billete de ida en segunda clase para París, por favor.

Il y a un tarif réduit pour étudiants ?
ilia œ-n tarif redüi puretüdia-n
¿Hay tarifa reducida para estudiantes?

Où est-ce que je dois changer ?
u ëskœ j'œ dua sha-nj'e
¿Dónde tengo que cambiar?

Quand est-ce que le train arrive à Bordeaux ?
ka-ntëskœ lœ trë-n ariv' a bordo
¿A qué hora llega el tren a Burdeos?

Est-ce qu'il y a une correspondance pour ... ?
ëskilia ün korëspo-nda-ns pur
¿Hay correspondencia para ...?

Où est la gare, s'il vous plaît ?
u ë la gar, sil v'u plë
¿Dónde está la estación, por favor?

EST-CE QU'IL Y A UNE CORRESPONDANCE POUR...
(¿Hay correspondencia para...?)

Où est l'arrêt du bus numéro 2 ?
u ë larë dü büs nümero dœ
¿Dónde está la parada del autobús número 2?

Quel bus va à Versailles ?
kël büs v'a a v'ërsay
¿Qué autobús va a Versalles?

Où est-ce que je dois descendre ?
u ëskœ j'œ dua desa-ndr
¿Dónde tengo que bajar?

Où pourrais-je trouver un taxi ?
u purëj' truv'e œ-n taksi
¿Dónde puedo encontrar un taxi?

descendre	*desa-ndr*	bajar
l'horaire	*lorër*	el horario
la réservation	*la resërv'asio-n*	la reserva
le billet	*lœ biyë*	el billete
le suplément	*lœ suplema-n*	el suplemento
l'aller	*lale*	la ida
le retour	*lœ rœtur*	la vuelta
aller-retour	*ale rœtur*	ida y vuelta
le départ	*lœ depar*	la salida
l'arrivée	*lariv'e*	la llegada
l'arrêt	*larë*	la parada
la correspondance	*la korespo-nda-ns*	la correspondencia
la destination	*la destinasio-n*	la destinación
la sortie de secours	*la sorti dœ sœkur*	la salida de socorro
les bagages	*le bagaj'*	el equipaje
le séjour	*lœ sej'ur*	la estancia
la gare	*la gar*	la estación
le train	*lœ trë-n*	el tren
la station	*la stasio-n*	la estación
le guichet	*lœ guishe*	la ventanilla
la salle d'attente	*la sal data-nt*	la sala de espera

la voie	*la vua*	la vía
le compartiment	*lœ ko-npartima-n*	el compartimento
le contrôleur	*lœ ko-ntrolœr*	el revisor
les couchettes	*le kushët*	las literas
le quai	*lœ kë*	el andén
l'aéroport	*laeropor*	el aeropuerto
l'avion	*lav'io-n*	el avión
le vol	*lœ v'ol*	el vuelo
le bateau	*lœ bato*	el barco
le bus, le car	*lœ büs, lœ kar*	el autobús, el autocar
le camion	*lœ kamio-n*	el camión
la mobylette	*la mobilët*	la mobylette
la moto	*la moto*	la moto
le véhicule	*lœ v'eikül*	el vehículo
le vélo	*lœ v'elo*	la bici
l'auto-stop	*lotostop*	el autoestop

En coche

la voiture	*la v'uatür*	el coche
conduire	*ko-ndüir*	conducir
l'autoroute	*lotorut*	la autopista
le péage	*lœ peaj'*	el peaje
l'embouteillage	*la-nbuteyaj'*	el embotellamiento
l'essence	*lesa-ns*	la gasolina
la station-service	*la stasio-n sërv'is*	la gasolinera
la vitesse	*la v'itës*	la velocidad
la limite de vitesse	*la limit de v'itës*	el límite de velocidad
le permis de conduire	*lœ permi dœ ko-ndüir*	el permiso de conducir
la contravention, le PV	*la ko-ntrav'a-nsio-n lœ pv'*	la multa
le stationnement	*lœ stasionœma-n*	el aparcamiento
le parking	*lœ parking*	el garage
la plaque d'immatriculation	*la plak dimatricülasio-n*	la matrícula

Las señales de tráfico

ATTENTION	Cuidado
CHAUSSÉE DÉFORMÉE	Carretera en mal estado
DANGER	Peligro
DÉVIATION	Desvío
GRAVILLONS	Grava
RALENTIR	Disminuir la velocidad
SENS INTERDIT	Dirección prohibida
STATIONNEMENT INTERDIT	Estacionamiento prohibido
VIRAGES	Curvas

Las autopistas francesas están en muy buen estado gracias al mantenimiento que se hace de ellas. En todas hay que pagar *peaje*, **péage**.

Un consejo: en París no se aparque nunca en lugar prohibido ya que *las multas*, **les contraventions / PV**, son frecuentes y bastante caras.

Le plein, s'il vous plaît !
lœ plë-n sil v'u plë
Lléneme el depósito, por favor.

Pourriez-vous vérifier l'huile ?
purie v'u v'erifie lüil
¿Puede comprobar el aceite?

Où est-ce qu'il y a une station-service, s'il vous plaît ?
u ëskilia ün stasio-n-serv'is, sil v'u plë
¿Dónde hay una gasolinera, por favor?

Où est-ce que je peux garer ma voiture ?
u ëskœ j'œ pœ gare ma v'uatür
¿Dónde puedo aparcar el coche?

C'est bien la route de Marseille ?
së bië-n la rut dœ marsëy
¿Es ésta la carretera para Marsella?

Je voudrais louer une voiture.
j'œ v'udrë lue ün̥ v'uatür
Quisiera alquilar un coche.

Avería

A nadie le gusta tener una avería en el coche, pero por si acaso alguna vez se encuentra en esta situación, aunque no se lo deseamos, le proponemos un poco de vocabulario (no le daremos la pronunciación, si llega el caso indique a la persona que le ayuda lo que que le ocurre utilizando la lista que le proponemos).

le service de dépannage	el servicio de grúas
l'axe	el eje
le démarreur	el arranque
le tuyau d'échappement	el tubo de escape
la batterie	la batería
les freins	los frenos
la pression	la presión
les pièces de rechange	las piezas de recambio
le défaut	el defecto
la vitesse	la velocidad
la carrosserie	la carrocería
la courroie	la correa
le piston	el pistón
le radiateur	el radiador
l'embrayage	el embrague
le volant	el volante
la dynamo	la dinamo
le moteur	el motor
l'huile	el aceite

la vidange	el cambio de aceite
la panne	la avería
la roue	la rueda
le pneu	el neumático
réparer	reparar
le phare	el faro
l'amortisseur	el amortiguador
le pare-chocs	el parachoques
l'accident	el accidente
le carburateur	el carburador
le cric	el gato
les outils	las herramientas
le pare-brise	el parabrisas
la bougie	la bujía
le cylindre	el cilindro

Ma voiture est en panne.
ma v'uatür ëta-n pan
Mi coche está averiado.

MA VOITURE EST EN PANNE.
(Mi coche está averiado.)

Ma voiture ne démarre pas.
ma v'uatür nœ demar pa
Mi coche no arranca.

Pourriez-vous réparer ma voiture ?
purie v'u repare ma v'uatür
¿Puede arreglarme el coche?

Ça dure combien de temps ?
sa dür ko-nbië-n dœ ta-n
¿Cuánto tiempo va a tardar?

Avez-vous des pièces de rechange ?
av'e v'u de piës dœ rœsha-nj'
¿Tienen piezas de recambio?

Il y a un accident.
ilia œ-n aksida-n
Hay un accidente.

Pourriez-vous me remorquer ?
purie v'u mœ rœmorke
¿Puede remolcarme?

EL ALOJAMIENTO

Como en España, la mayoría de los franceses cogen las vacaciones en los meses de julio y agosto. Así que si usted es uno de ellos no olvide reservar con varios meses de antelación.

En el hotel

l'hôtel	*lotël*	el hotel
complet	*ko-nplë*	completo
la réception	*la resëpsio-n*	la recepción

la clé	*la kle*	la llave
l'ascenseur	*lasa-nsœr*	el ascensor
l'étage	*letaj'*	el piso
la chambre	*la sha-nbr*	la habitación
le chauffage	*lœ shofaj'*	la calefacción
la climatisation	*la klimatisasio-n*	la climatización
la fenêtre	*la fœnëtr*	la ventana
la lampe	*la la-np*	la lámpara
la prise	*la pris*	el enchufe
le courant	*lœ kura-n*	la corriente
la salle de bains	*la sal dœ bë-n*	el cuarto de baño
la douche	*la dush*	la ducha
le lavabo	*lœ lav'abo*	el lavabo
le robinet	*lœ robinë*	el grifo
la serviette	*la sërv'iët*	la toalla
le miroir	*lœ miruar*	el espejo
les toilettes	*le tualët*	los servicios
le lit	*lœ li*	la cama
le lit d'appoint	*lœ li dapuë-n*	la cama suplementaria
l'oreiller	*loreye*	la almohada
le matelas	*lœ mat(œ)la*	el colchón

Est-ce que vous avez une chambre libre ?
ëskœ v'usav'e ün scha-nbr libr
¿Tiene(n) una habitación libre?

Pour une personne ou pour deux personnes ?
pur ün përson u pur dœ përson
¿Para una o dos personas?

Avec deux lits ou avec un grand lit ?
av'ëk dœ li u av'ëk œ-n gra-n li
¿Con dos camas o cama de matrimonio?

Avec deux lits, s'il vous plaît.
av'ëk dœ li sil v'u plë
Con dos camas, por favor.

C'est combien ?
së ko-nbië-n
¿Cuánto cuesta?

EST-CE QUE VOUS AVEZ UNE CHAMBRE LIBRE ?
(¿Tiene una habitación libre?)

Je reste trois nuits.
j'œ rëst trua nüi
Me quedo tres noches.

C'est avec douche ?
sëtav'ëk dush
¿Tiene ducha?

Est-ce que le petit déjeuner est compris ?
ëskœ lœ pœti dej'œne ë ko-npri
¿Está comprendido el desayuno?

En el camping

le camping	*lœ ka-nping*	el camping
la caravane	*la karav'an*	la caravana
la tente	*la ta-nt*	la tienda
le réchaud	*lœ resho*	el hornillo
le sac de couchage	*lœ sak dœ kushaj'*	el saco de dormir
l'eau potable	*lo potabl*	el agua potable
louer	*lue*	alquilar

Est-ce qu'il y a une place pour une tente ?
ëskilia ün plas purün ta-nt
¿Tienen sitio para una tienda?

Où sont les lavabos / les douches / les poubelles / les prises ?
u so-n le lav'abo / le dush / le pubël / le pris
¿Dónde está(n) el lavabo / las duchas / la basura / los enchufes?

Diferentes clases de alojamiento

Si desea alojarse en Francia puede ir a un *hotel*, **hôtel**. Como en España, los hoteles están catalogados por el número de estrellas. También existe *el turismo rural*, **les gîtes ruraux**, cuyo precio depende de la zona y del tipo de casa. Asi mismo puede ir *a casa del habitante*, **chez l'habitant**, donde se alquilan habitaciones. Por último están los típicos *albergues*, **auberges de jeunesse**, especialmente para jóvenes estudiantes.

Como en España, se propone alojamiento *con desayuno*, **avec petit déjeuner**, *pensión completa*, **pension**, *o media pensión*, **demi-pension**.

EL BANCO

la banque	*la ba-nk*	el banco
les espèces	*lesëspës*	dinero metálico
encaisser	*a-nkëse*	cobrar
l'argent	*larj'a-n*	el dinero
le billet	*lœ biyë*	el billete
la caisse	*la kës*	la caja
la monnaie	*la monë*	dinero suelto
la pièce	*la piës*	la moneda
le guichet	*lœ guishë*	la ventanilla
le chèque	*lœ shëk*	el cheque
changer	*sha-nj'e*	cambiar
signer	*siñe*	firmar
la signature	*la siñatür*	la firma

le change	*lœ sha-nj'*	el cambio
payer	*pëye*	pagar
la carte de crédit	*la kart dœ kredi*	tarjeta de crédito
le distributeur de billets	*lœ distribütœr dœ biye*	el cajero automático

Je voudrais changer des dollars en euros.
j'œ v'udrë scha-nj'e de dolar a-n œro
Quisiera cambiar dólares en euros.

Je vais retirer de l'argent dans un distributeur.
j'œ v'ë rœtire dœ larj'a-n da-nsœ-n distribütœr
Voy a sacar dinero al cajero.

Je n'ai pas de monnaie.
j'œ në pa dœ monë
No tengo suelto.

CORREOS

En Francia **La Poste** corresponde a *Correos*. Los buzones públicos son diferentes de los de España; están adosados a la pared, son más pequeños y de color amarillo; le será fácil reconocerlos. Puede comprar sellos en Correos mismo y también en todas las cafeterías donde venden tabaco señaladas con un letrero que dice **TABAC**; estos **bureaux de tabac** son los equivalentes de nuestros *estancos*.

le bureau de poste	*lœ büro dœ post*	la oficina de correos
envoyer	*a-nv'uaye*	enviar
l'adresse	*ladrës*	la dirección
la lettre	*la lëtr*	la carta
la boîte aux lettres	*la buatolëtr*	el buzón de correos
le timbre	*lœ të-nbr*	el sello
le facteur	*lœ faktœr*	el cartero
l'enveloppe	*la-nv'œlop*	el sobre

exprés	*ëksprës*	expreso
le destinataire	*lœ dëstinatër*	el destinatario
l'expéditeur	*lëxpeditœr*	el remitente
le tarif	*lœ tarif*	la tarifa
le poids	*lœ pua*	el peso
par avion	*parav'io-n*	por avión
le colis	*lœ koli*	el paquete
la carte postale	*la kart postal*	la tarjeta postal

Où est-ce que je peux acheter des timbres?
u ëskoe j'œ pœ ashœte de të-mbr
¿Dónde puedo compar sellos?

Dans un bureau de poste ou dans un bureau de tabac.
da-nsœ-n büro dœ post u da-nsœn büro dœ taba
En una oficina de correos o en un estanco.

Je voudrais envoyer ce colis au Canada, s'il vous plaît.
j'œ vudre a-nv'uaye sœ koli o canada sil vu plë
Quisiera enviar este paquete a Canada, por favor.

TELEFÓNICA

En Francia se puede llamar desde las cabinas telefónicas que se encuentran en Correos, o bien desde las públicas de la calle. Casi todas ellas funcionan con *tarjeta telefónica* e incluso con tarjetas de crédito. Las **cartes de téléphone** se compran en los **bureaux de tabac**.

Il y a un téléphone ?
ilia œ-n telefon
¿Hay un teléfono?

Où est le téléphone ?
u ë lœ telefon
¿Dónde está el teléfono?

Est-ce que je peux téléphoner ?
ëskœ j'œ pœ telefone
¿Puedo llamar por teléfono?

Allô, qui est à l'appareil ?
alo ki ëta laparëy
Dígame.

Pardon, je me suis trompé de numéro.
pardo-n j'œ mœ süi tro-mpe dœ nümero
Perdone, me he equivocado de número.

téléphoner	*telefone*	llamar por teléfono
le coup de fil	*lœ ku dœ fil*	la llamada telefónica
décrocher	*dekroshe*	descolgar
le numéro de téléphone	*lœ nümero dœ telefon*	el número de teléfono
l'indicatif	*lë-ndikatif*	el indicativo
la tonalité	*la tonalite*	la señal de llamada
le répondeur	*lœ repo-ndœr*	el contestador
l'annuaire / le bottin	*lanüër / lœ botë-n*	la guía telefónica
la cabine	*la kabin*	la cabina telefónica
la carte de téléphone	*la kart dœ telefon*	la tarjeta telefónica

Allô?	*alo*	Díga(me).
Ne quittez pas!	*nœ kite pa*	¡No se retire!
J'ai été coupé!	*j'ë ete kupe*	¡Me han colgado!

Para llamar de Francia a España el indicativo es 00 34 + el indicativo de la región española y el número al que desea llamar. Para llamar de España a Francia el indicativo es 00 33 + el numero al que desea llamar (quitando el cero que va delante).

LA POLICÍA Y LA ADUANA

Où est le commissariat de police ?
u ë lœ komisaria dœ polis
¿Dónde está la comisaria?

On m'a volé...	*o-n ma v'ole...*	Me han robado
... mon appareil-photo	*... mo-n aparëy foto*	... mi cámara de fotos

… mes bagages	*… me bagaj'*	… mi equipaje
… mon portefeuille	*… mo-n portœfœy*	… mi bolso
… mon sac à main	*… mo-n sakamë-n*	… mi monedero

J'ai perdu…
j'ë perdü
He perdido…

On m'a volé…
o-n ma vole
Me han robado…

l'accident	*laksida-n*	el accidente
la police	*la polis*	la policía
l'agent de police	*l'aj'a-n dœ polis*	el agente de policía
le flic *(argot)*	*lœ flik*	el poli
le voleur,	*lœ v'olœr /*	el ladrón /
la voleuse	*la v'olœs*	la ladrona
la prison	*la priso-n*	la cárcel
l'argent	*larj'a-n*	el dinero
la clé de voiture	*la kle dœ v'uatür*	la llave del coche
la montre	*la montr*	el reloj

Au voleur!	*o v'olœr*	¡al ladrón!
Au secours!	*o sœkur*	¡socorro!

Non, je ne suis pas le voleur, je suis le volé.
no-n j'œ nœ süi pa lœ v'olœr j'œ süi lœ v'ole
No, yo no soy el ladrón, yo soy a quien le han robado.

Non, je ne suis pas le meurtrier !
no-n j'œ nœ süi pa lœ mœrtrie
¡No, yo no soy el asesino!

Vos papiers, s'il vous plaît !
v'o papie, sil v'u plë
¡Su documentación, por favor!

la douane	*la duan*	la aduana
le passeport	*lœ paspor*	el pasaporte
la carte d'identité	*la kart dida-ntite*	el carnet de identidad

le visa	*lœ v'isa*	el visado
le nom	*lœ no-n*	el apellido
le prénom	*lœ preno-n*	el nombre
l'adresse	*ladrës*	la dirección
la date/le lieu de naissance	*la dat / lœ liœ dœ nësa-ns*	la fecha y lugar de nacimiento
l'arrivée / l'entrée	*lariv'e / la-ntre*	la llegada/entrada
le départ	*lœ depar*	la salida
la durée du sejour	*la düre dü sej'ur*	la estancia
la nationalité	*la nasionalite*	la nacionalidad
la validité	*la v'alidite*	la validez

IR DE COMPRAS

acheter	*ash(œ)te*	comprar
vendre	*v'a-ndr*	vender
le prix	*lœ pri*	el precio
l'argent	*larj'a-n*	el dinero
la monnaie	*la monë*	la moneda / el cambio
le billet	*lœ biyë*	el billete
cher	*shër*	caro
trop cher	*tro shër*	demasiado caro
bon marché	*bo-n marshe*	barato
le marché	*lœ marshe*	el mercado
le magasin	*lœ magasë-n*	la tienda
le propriétaire	*lœ proprietër*	el dueño
la réduction	*la reduksio-n*	el descuento
les soldes	*le sold*	las rebajas
un grand choix	*œ-n gra-n shua*	gran surtido
les heures d'ouverture	*lesœr duv'ërtür*	las horas de apertura
la qualité	*la kalite*	la calidad

Où est-ce que je peux acheter un plan de la ville ?
u ëskœ j'œ pœ ashœte œ-n pla-n dœ la v'il
¿Dónde puedo comprar un plano de la ciudad?

Vous avez des journaux étrangers ?
v'usav'e de j'urno etra-nj'e
¿Tiene usted periódicos extranjeros?

Je voudrais un dictionnaire / un guide touristique.
j'œ v'udrë œ-n diksionër / œ-n guid turistik
Quiero un diccionario/ una guía turística.

Ça coûte combien ?
sa kut ko-nbië-n
¿Cuánto cuesta esto?

Je peux payer par chèque ?
j'œ pœ peye par shëk
¿Puedo pagar con cheque?

JE PEUX PAYER PAR CHÈQUE ?
(¿Puedo pagar con cheque?)

Las tiendas

la pharmacie	*la farmasi*	la farmacia
la boulangerie	*la bula-nj'œri*	la panadería
la librairie	*la librëri*	la librería
livres d'occasion	*liv'r dokasio-n*	libros de ocasión

le salon de coiffure	*lœ salo-n dœ kuafür*	la peluquería
le grand magasin	*lœ gra-n magasë-n*	grandes almacenes
la pâtisserie	*la patisœri*	la pastelería
l'épicerie	*lepisœri*	la tienda de ultramarinos
la boucherie	*la bushœri*	la carnicería
la crémerie	*la krëmœri*	la lechería
la teinturerie	*la të-ntürœri*	la tintorería
la papeterie	*la papëtœri*	la papelería
le cordonnier	*lœ kordonie*	el zapatero
le libre-service	*lœ libr sërv'is*	buffet
l'hypermarché	*lipërmarshe*	el hipermercado
la confiserie	*la ko-nfisœri*	la confitería
un bureau de tabac	*œ-n büro dœ taba*	un estanco
un antiquaire, une brocante	*œ-na-ntikër ün broka-nt*	un anticuario

La alimentación

Viande…	*v'ia-nd*	carne…
… de bœuf	*dœ bœf*	… de buey
… de mouton	*dœ muto-n*	… de cordero
… de porc	*dœ por*	… de cerdo
… de veau	*dœ v'o*	… de vaca

la volaille	*la v'olay*	ave
le poulet	*lœ pulë*	pollo
le canard	*lœ kanar*	pato

les abats	*lesaba*	despojos, menudillos
le foie	*lœ fua*	hígado
les tripes	*le trip*	callos
la cervelle	*la serv'ël*	sesos

la charcuterie	*la sharkütœri*	charcutería
le jambon	*lœ j'a-nbo-n*	jamón
le saucisson	*lœ sosiso-n*	salchichón

Fruits	*früi*	frutas
l'abricot	*labriko*	el albaricoque
le cassis	*lœ kasis*	la grosella negra
la cerise	*la sœris̲*	la cereza
le citron	*lœ sitro-n*	el limón
la fraise	*la frës̲*	la fresa
la framboise	*la fra-nbuas̲*	la frambuesa
l'orange	*lora-nj'*	la naranja
la pêche	*la pësh*	el melocotón
la poire	*la puar*	la pera
la pomme	*la pom*	la manzana
la prune	*la prün*	la ciruela
le raisin	*lœ rës̲ë-n*	la uva

Légumes	*legüm*	legumbres / verduras
l'aubergine	*lobërj'in*	la berenjena
l'ail	*lay*	el ajo
l'artichaut	*lartisho*	la alcachofa
l'asperge	*laspërj*	el espárrago
l'avocat	*lav'oka*	el aguacate
le chou	*lœ shu*	la col, el repollo
le chou-fleur	*lœ shuflœr*	la coliflor
le concombre	*lœ ko-nko-nbr*	el pepino
la courgette	*lakurj'ët*	el calabacín
les épinards	*les̲epinar*	las espinacas
les haricots	*le ariko*	las judías verdes
les herbes	*les̲erb*	las hierbas
l'oignon	*loño-n*	la cebolla
les petits pois	*le pœti pua*	los guisantes
le poireau	*lœ puaro*	el puerro
le poivron	*lœ puav'ro-n*	el pimiento
la pomme de terre	*la pom dœ tër*	la patata

Fruits de mer	*früi dœ mër*	marisco
les coques	*le cok*	los berberechos
les crevettes	*le krœv'ët*	las gambas

le crabe	*lœ krab*	el cangrejo de mar
l'écrevisse	*lékrœv'is*	el cangrejo de río
les gambas	*le ga-mbas*	los langostinos
les huîtres	*lesüitr*	las ostras
la langoustine	*la la-ngustine*	la cigala
les moules	*le mul*	los mejillones

Poissons	*puaso-n*	pescados
le cabillaud	*lœ kabiyo*	el bacalao fresco
les colin, le lieu	*lœ colë-n, le liœ*	la merluza
la lotte	*la lot*	el rape
le merlan	*lœ mërla-n*	la pescadilla
la morue	*la morü*	el bacalao
le saumon	*lœ somo-n*	el salmón
la sole	*la sol*	el lenguado
le thon	*lœ to-n*	el atún/bonito
le turbot	*lœ türbo*	el rodaballo

Boissons	*buaso-n*	bebidas
l'eau	*lo*	el agua
le jus d'orange	*lœ j'ü dora-nj'*	el zumo de naranja
le vin	*lœ v'ë-n*	el vino
la bière	*la biër*	la cerveza
le lait	*lœ lë*	la leche
le café	*lœ kafe*	el café
le thé	*lœ te*	el té
l'infusion	*lë-nfüsio-n*	la infusión

Divers	*div'ër*	diversos
le beurre	*lœ bœr*	la mantequilla
le fromage	*lœ fromaj'*	el queso
le fromage blanc	*lœ fromaj' bla-n*	el queso fresco / requesón
le yaourt	*lœ iaurt*	el yogur
la crème	*la krëm*	la crema / la nata
l'œuf / les œufs	*lœf / lesœ*	el huevo / los huevos
la glace	*la glas*	el helado

le riz	*lœ ri*	el arroz
les nouilles / les pâtes	*le nuy / le pat*	la pasta
les céréales	*le sereal*	los cereales
le miel	*lœ miël*	la miel
le sucre	*lœ sükr*	el azúcar
les noix	*le nua*	las nueces
la boîte d'allumettes	*la buat dalümët*	la caja de cerillas

Donnez-moi un kilo d'oranges, s'il vous plaît.
done mua œ-n kilo dora-nj' sil v'u plë
Deme un kilo de naranjas, por favor.

Un beau morceau de ce fromage, s'il vous plaît.
œ-n bo morso dœ sœ fromaj' sil v'u plë
Un buen trozo de este queso, por favor.

Un paquet de riz, s'il vous plaît.
œ-n pake dœ ri sil v'u plë
Un paquete de arroz, por favor.

C'est à qui le tour ?
seta ki lœ tur
¿A quién le toca?

COMER Y BEBER

Une table pour deux personnes, s'il vous plaît.
ün tabl pur dœ përson' sil v'u plë
Una mesa para dos personas, por favor.

La carte, s'il vous plaît.
la kart sil v'u plë
La carta, por favor.

Qu'est-ce qu'il y a comme plat du jour ?
këskilia kom pla dü j'ur
¿Cúal es el plato del día?

Qu'est-ce que vous me conseillez ?
këskœ v'u mœ ko-nseye
¿Qué me aconseja?

Je prends le menu 1.
j'œ pra-n leo mœnü œ-n
Yo elijo el primer menú.

Qu'est-ce que vous prenez comme boisson ?
këskœ v'u prœne kom buaso-n
¿Qué quieren de beber?

Une bouteille de vin blanc et une carafe d'eau, s'il vous plaît.
ün butey dœ v'ë-n bla-n e ün karaf do sil v'u plë
Una botella de vino blanco y una jarra de agua, por favor.

Et comme dessert ?
e kom desër
¿Y de postre?

Pas de dessert, merci.
pa dœ desër mërsi
No quiero postre, gracias.

Je voudrais une glace / un flan.
j'œ v'udrë ün glas / œ-n fla-n
Yo quiero un helado / un flan.

L'addition, s'il vous plaît.
ladisio-n sil v'u plë
La cuenta, por favor.

QU'EST-CE QUE VOUS ME CONSEILLEZ ?
(¿Qué me aconseja?)

les repas	*le rœpa*	las comidas
le petit déjeuner	*lœ pœti dej'œne*	el desayuno
le déjeuner	*lœ dej'œne*	la comida
le dîner	*lœ dine*	la cena

le plat du jour	*lœ pla dü j'ur*	el plato del día
le menu	*lœ mœnü*	el menú
l'apéritif	*laperitif*	el aperitivo

les entrées	*lesa-ntre*	las entradas
la salade	*la salad*	la ensalada
les fruits de mer	*le früi dœ mër*	los mariscos
le pâté	*lœ pate*	el paté
la soupe	*la sup*	la sopa
le potage	*lœ potaj'*	el potaje
les crudités	*le krüdite*	las crudezas*

* verduras y hortalizas aliñadas en crudo (zanahoria, apio, remolacha, pepino, maïz…)

le plat	*lœ pla*	el primer plato
les légumes	*le legüm*	la verdura
végétarien	*v'ej'etarië-n*	vegetariano
le poisson	*lœ puaso-n*	el pescado
la viande	*la v'ia-nd*	la carne
l'escalope	*leskalop*	el escalope
la brochette	*la broshët*	el pincho
le bifteck	*lœ biftëk*	el bistec
la sauce	*la sos*	la salsa

le fromage	*lœ fromaj'*	el queso

le dessert	*lœ desër*	el postre
les fruits*	*le früi*	la fruta
la glace	*la glas*	el helado
le gâteau	*lœ gato*	el pastel
la tarte	*la tart*	la tarta

* observe que se utiliza el plural en francés

le café	*lœ kafe*	el café
la tasse	*la tas*	la taza
le digestif	*lœ dij'estif*	digestivo

la boisson	*la buaso-n*	la bebida
l'eau	*lo*	el agua
la bière	*la biër*	la cerveza
le vin	*lœ vë-n*	el vino
le verre	*lœ v'ër*	el vaso
la bouteille	*la butëy*	la botella
la carafe	*la karaf*	la garrafa

la table	*la tabl*	la mesa
la chaise	*la shës*	la silla

le couvert	*lœ kuv'ër*	el cubierto
le couteau	*lœ kuto*	el cuchillo
la fourchette	*la furshët*	el tenedor
la cuillère	*la kuiyër*	la cuchara
l'assiette	*lasiët*	el plato

le poivre	*lœ puav'r*	la pimienta
le sel	*lœ sël*	la sal
l'huile	*lüil*	el aceite
le vinaigre	*lœ v'inëgr*	el vinagre
la moutarde	*la mutard*	la mostaza
le pain	*lœ pë-n*	el pan

le régime	*lœ rej'im*	el régimen
la faim	*la fë-n*	el hambre
la soif	*la suaf*	la sed
boire	*buar*	beber
le goût	*lœ gu*	el gusto
gras	*gra*	la grasa
maigre	*mëgr*	el magro
frais	*frë*	fresco
gratiné	*gratine*	gratinado

cru	*krü*	crudo
frit	*fri*	frito
rôti	*roti*	asado
farci	*farsi*	relleno

Bon appétit !
bonapeti
¡Que aproveche!

En Francia se encuentran todo tipo del restaurantes y particularmente los que ofrecen especialidades extranjeras. Debido a su pasado colonial, los restaurantes norte-africanos son bastante numerosos. Si tiene un espíritu curioso y tiempo, vaya a uno de estos pequeños restaurantes argelinos o tunecinos: el **couscous** es un plato delicioso. En cuanto a la cocina marroquí, rica en colores y sabores, es considerada como una de las mejores del mundo.

Y por supuesto, aproveche la ocasión para saborear también los platos regionales del país : **le cassoulet** en la región de Toulouse y en Gascogne, **la choucroute** en la región de Alsace, **la potée auvergnate** en la región de Auvergne, **la bouillabaisse** a Marsella, la **fondue savoyarde** en Savoie, la **quiche lorraine** en Lorraine y muchos más...

• **los establecimientos para comer y beber:**

salon de thé	*salo-n dœ te*	salón de té
café	*kafe*	café
bistro	*bistro*	bar
café-théatre	*kafe teatr*	café-teatro
brasserie	*bras(œ)ri*	cervecería
restaurant	*restora-n*	restaurante
bar-tabac	*bar taba*	(bar con estanco)
snack-bar	*snak bar*	snack
bar américain	*bar amerikë-n*	bar americano
bar à vin	*bar a vë-n*	bar de degustación de vinos

Une pression, s'il vous plaît.
ün presio-n sil v'u plë
Una caña, por favor.

Un demi, s'il vous plaît.
œ-n dœmi sil v'u plë
Una caña, por favor.

Un verre / ballon de rouge, s'il vous plaît.
œ-n vër / balo-n dœ ruj' sil v'u plë
Un baso / copa de vino tinto, por favor.

un expresso	*œ-n ëkspreso*	un café solo
un petit crème	*œ-n pœti krëm*	un cortado
un chocolat	*œ-n shokola*	un chocolate
un café au lait	*œ-n kafe o lë*	un café con leche
une infusion	*ün ë-nfüsio-n*	una infusión

PARA EXPRESAR EL TIEMPO

le jour	*lœ j'ur*	el día
la semaine	*la sœmën*	la semana
le mois	*lœ mua*	el mes
l'an	*la-n*	el año
neuf mois	*nœf mua*	nueve meses
trois mois	*trua mua*	tres meses
la date	*la dat*	la fecha
hier	*iër*	ayer
demain	*dœmë-n*	mañana
après-demain	*aprëdœmë-n*	pasado mañana
aujourd'hui	*oj'urdüi*	hoy
le week-end	*lœ uikënd*	el fin de semana
il y a deux jours	*ilia dœ j'ur*	hace dos días
la semaine prochaine	*sœmën proshën*	la próxima semana
quinze jours	*kë-ns j'ur*	quince días

Diferentes momentos del día

le matin	*lœ matë-n*	la mañana
le midi	*lœ midi*	el mediodía

à midi	*a midi*	a mediodía
l'après-midi	*laprë midi*	la tarde
le soir	*lœ suar*	la tarde/la noche
la nuit	*la nüi*	la noche
minuit	*minüi*	medianoche
à minuit	*a minüi*	a las doce de la noche

Los días de la semana

lundi	*lœ-ndi*	lunes
mardi	*mardi*	martes
mercredi	*mërkrœdi*	miércoles
jeudi	*j'œdi*	jueves
vendredi	*v'a-ndrœdi*	viernes
samedi	*samœdi*	sábado
dimanche	*dima-nsh*	domingo

Los meses del año

janvier	*j'a-nv'ie*	enero
février	*fev'rie*	febrero
mars	*mars*	marzo
avril	*av'ril*	abril
mai	*më*	mayo
juin	*j'üë-n*	junio
juillet	*j'üiyë*	julio
aôut	*ut*	agosto
septembre	*sëpta-nbr*	septiembre
octobre	*oktobr*	octubre
novembre	*nov'a-nbr*	noviembre
décembre	*desa-nbr*	diciembre

Las estaciones del año

le printemps / au printemps	*lœ prë-nta-n / o prë-nta-n*	la primavera / en primavera

l'été / en été	*lete / a-nete*	el verano / en verano
l'automne / en...	*loton / a-noton*	el otoño / en otoño
l'hiver / en...	*liv'ër / a-niv'ër*	el invierno / en invierno
la saison	*la sëso-n*	la estación

La fecha

Si queremos preguntar a qué día estamos hoy, diremos:

On est le combien aujourd'hui ?
o-në lœ ko-nbië-n oj'urdüi
¿A qué estamos hoy?

Responderemos:

Nous sommes le cinq mars.
nusom lœ së-nk mars
Estamos a cinco de marzo.

Observe que delante del día se utiliza el artículo **le**.

Para decir el año:

Quelle est ta date de naissance ?
këlë ta dat dœ nësa-ns
¿Qué día naciste?

Je suis né le onze mai mille neuf cent cinquante.
j'œ süi ne lœ o-ns më mil nœf sa-n së-nka-nt
Nací el once de mayo de mil novecientos cincuenta.

Observe que entre el día, el mes y el año no se dice **de**.

Et quel âge as-tu ?
e këlaj' a tü
¿Y cuántos años tienes?

J'ai vingt ans.
j'ë vë-nta-n
Tengo veinte años.

LA HORA

Para indicar la hora:

l'heure	*lœr*	la hora
la minute	*la minüt*	el minuto
la seconde	*la sœgo-nd*	el segundo
demi	*dœmi*	media
une demi-heure	*ün dœmi œr*	media hora
quart	*kar*	cuarto
un quart d'heure	*œ-n kar dœr*	un cuarto de hora
moins	*muë-n*	menos

Quelle heure est-il ?
këI œr ë til
¿Qué hora es?

Il est tard / tôt.
ilë tar / to
Es tarde / pronto.

Il est neuf heures dix.
il ë nœv'œr dis
Son las nueve y diez.

Je viens demain soir.
j'œ v'ië-n dœmë-n suar
Voy mañana por la tarde.

QUELLE HEURE EST-IL ?
(¿Qué hora es?)

À quelle heure ?
a këlœr
¿A qué hora?

À huit heures.
a üitœr
A las ocho.

Quand viens-tu ?
ka-n v'ië-n tü
¿Cuándo vienes?

Dans une heure.
da-nsünœr
Dentro de una hora.

La palabra **heure** no se omite nunca, **minutes** casi siempre.

10.00	**dix heures (du matin)**	las diez (de la mañana)
10.05	**dix heures cinq**	las diez y cinco
12.15	**midi et quart**	las doce y cuarto del dia
13.25	**une heure vingt-cinq**	la una y veinticinco
14.30	**deux heures et demie**	las dos y media
15.35	**quatre heures moins vingt-cinq**	las cuatro menos veinticinco
18.45	**sept heures moins le quart**	las siete menos cuarto
19.50	**huit heures moins dix**	las ocho menos diez
20.55	**neuf heures moins cinq**	las nueve menos cinco
00.10	**minuit dix**	las doce y diez de la noche

¿QUÉ TIEMPO HACE?

Il fait lourd.
il fë lur
Hace bochorno.

Il fait froid.
il fë frua
Hace frío.

Il fait…	*il fë*	Hace…
… frais	*frë*	… fresco
… humide	*ümid*	… húmedo
… doux	*du*	… templado
… beau / mauvais	*bo / mov'ë*	… buen / mal tiempo
… bon	*bo-n*	… bueno

Il y a…	*ilia*	Hay…
… du vent	*dü v'a-n*	… viento
… du brouillard	*dü bruyar*	… niebla

Quelle chaleur !
kël schalœr
¡Qué calor!

le temps	*lœ ta-n*	el tiempo
la météo(rologie)	*la meteo*	el tiempo meteorológico
le soleil	*lœ soley*	el sol
la neige	*la nëj'*	la nieve
l'orage	*loraj'*	la tormenta
la pluie	*la plüi*	la lluvia
le verglas	*lœ v'ergla*	el hielo en el pavimento
le vent	*lœ v'a-n*	el viento
le mistral	*lœ mistral*	el mistral
la tramontane	*la tramo-ntan*	la tramontana
le brouillard	*lœ brüyar*	la niebla
le nuage	*lœ nüaj'*	la nube
le ciel	*lœ siël*	el cielo
la lune	*la lün*	la luna
les étoiles	*lesetual*	las estrellas
le nord	*lœ nor*	el norte
le sud	*lœ süd*	el sur
l'est	*lëst*	el este
l'ouest	*luest*	el œste

LAS REGIONES

Veamos las diferentes regiones de Francia:	
l'Alsace-Lorraine	*lalsas lorën*
l'Anjou	*la-nj'u*
l'Aquitaine	*lakitën*
l'Auvergne	*lov'ërñ*

le Berry	*lœ beri*
la Bourgogne	*la burgoñ*
la Bretagne	*la brœtañ*
la Champagne	*la sha-npañ*
la Corse	*la kors*
la Gascogne	*la gaskoñ*
l'Ile de France	*lil dœ fra-ns*
le Languedoc	*lœ la-ngœdok*
le Limousin	*lœ limusë-n*
le Midi	*lœ midi*
la Normandie	*la norma-ndi*
le Périgord	*lœ perigor*
la Picardie	*la pikardi*
le Poitou	*lœ puatu*
la Provence	*la prov'a-ns*
la Savoie	*la sav'ua*
la Touraine	*la turën*

Où vas-tu cet été ?
u v'a tü sëtete
¿Dónde vas este verano?

Je vais dans le Midi.
j'œ v'ë da-n lœ midi
Voy al Midi (el sur de Francia).

PAÍSES Y NACIONALIDADES

En francés el nombre de los países va siempre acompañado del artículo.

la Tunisie	*la tünisi*	Túnez
tunisien/ne	*tünisië-n / tünisiën*	tunecino/a
le Maroc	*lœ marok*	Marruecos
marocain/e	*marokë-n, marokën*	marroquí
la Belgique	*la bëlj'ik*	Bélgica
belge	*bëlj'*	belga
l'Espagne	*lëspañ*	España
espagnol/e	*ëspañol*	español/a
la France	*la fra-ns*	Francia
français/e	*fra-nsë, fransës*	francés/a

la Suisse	*la süis*	Suiza
suisse	*süis*	suizo/a
le Luxembourg	*lœ lüksa-nbur*	Luxemburgo
luxembourgeois/e	*lüksa-nburj'ua/s*	luxemburgués/a
le Sénégal	*lœ senegal*	Senegal
sénégalais/e	*senegalë/se*	senegalés/esa
le Portugal	*lœ portügal*	Portugal
portugais/e	*portüguë/s*	portugués/a
l'Argentine	*larj'a-ntin*	Argentina
argentin/e	*arj'a-ntë-n, arj'a-ntin*	argentino/a
le Mexique	*lœ meksik*	Méjico
mexicain/e	*meksikë-n, meksikën*	mejicano/a
le Pérou	*lœ peru*	Perú
péruvien/ne	*perüv'ië-n / perüv'iën*	peruano/a
Cuba	*küba*	Cuba
cubain/e	*kübë-n / kübën*	cubano/a
la Colombie	*la kolo-nbi*	Colombia
colombien/ne	*kolo-nbië-n / kolo-nbiën*	colombiano/a
le Chili	*lœ shili*	Chile
chilien/ne	*shilië-n / shiliën*	chileno/a
le Venezuela	*v'enesüela*	Venezuela
vénézuélien/ne	*v'enesüelië-n / v'enesüeliën*	venezolano/a
la Bolivie	*la boliv'i*	Bolivia
bolivien/ne	*boliv'ië-n / boliv'iën*	boliviano/a

EN LA CIUDAD, LA MONTAÑA Y EL MAR

le séjour	*lœ sej'ur*	la estancia
les vacances	*le v'aka-ns*	las vacaciones

En la ciudad

Las principales ciudades de Francia (**Paris**, **Marseille**, **Lyon**) están divididas en **arrondissements**, *distritos* y sus habitantes suelen referise a ellos muy a menudo para desplazarse y situar cualquier cosa en cualquier lugar.

la capitale	*la kapital*	la capital
l'arrondissement	*laro-ndisma-n*	el distrito
Huitième,	*üitiëm*	el octavo
Onzième, etc.	*o-nsiëm*	el undécimo
l'avenue	*lav'œnü*	la avenida
la banlieu	*la ba-nliœ*	las afueras
le carnet	*lœ karnë*	la tarjeta
le centre-ville	*lœ sa-ntr v'il*	el centro de la ciudad
la cité universitaire	*la site üniv'ërsitër*	la ciudad universitaria
la gare	*la gar*	la estación
le gratte-ciel	*lœ grat siël*	el rascacielos
l'hôtel de ville	*lotël dœ v'il*	el ayuntamiento
le marché aux puces	*lœ marshe o püs*	el rastro
le métro	*lœ metro*	el metro
le musée	*lœ müse*	el museo
le parc	*lœ park*	el parque
le phériphérique	*lœ periferik*	el periférico
le piéton	*lœ pieto-n*	el peatón
la place	*la plas*	la plaza
le plan de la ville	*lœ pla-n dœ la v'il*	el plano de la ciudad
la pollution	*la polüsio-n*	la contaminación
le quartier	*lœ kartie*	el barrio
la rue	*la rü*	la calle
le syndicat d'initiative, l'office du tourisme	*lœ së-ndika dinisiativ'*	la officina de turismo
le terminus	*lœ tërminüs*	final de la línea
le trottoir	*lœ trotuar*	el pasillo
l'usine	*lüsin*	la fábrica
la ville	*la v'il*	la ciudad
la zone	*la son*	la zona

Est-ce qu'on peut visiter... ?
ëssko-n pœ v'isite
¿Se puede visitar...?

Où est l'office du tourisme ?
u ë lofiss dü turism
¿Dónde está la oficina de turismo?

Est-ce qu'il y a une visite guidée ?
ëskilia ün v'isit guide
¿Hay una visita guiada?

Quand est-ce que le musée est ouvert ?
ka-ntëskœ lœ müse ëtuv'ër
¿Cuándo está abierto el museo?

En el campo y en la montaña

l'auberge	*lobërj'*	el albergue
le bois	*lœ bua*	el bosque
la campagne	*la ka-npañ*	el campo
la grotte	*la grot'*	la cueva
le cimetière	*lœ sim(œ)tiër*	el cementerio
la cour	*la kur*	el patio
l'église	*leglis*	la iglesia
les environs	*lesa-nv'iro-n*	los alrededores
le fleuve	*lœ flœv'*	el río
la fontaine	*la fo-ntën*	la fuente
la forêt	*la forë*	la selva
la montagne	*la mo-ntañ*	la montaña
le paysage	*lœ pëisaj'*	el paisaje
le pont	*lœ po-n*	el puente
la station de sports d'hiver	*la stasio-n dœ spor div'ër*	la estación de deportes de invierno
la vallée	*la v'ale*	el valle
le village	*lœ v'ilaj'*	el pueblo

A la orilla del mar

bronzer	*bro-nse*	broncear
nager	*naj'e*	nadar
la plongée sous-marine	*la plo-nj'e su marin*	el submarinismo
la voile	*la v'ual*	la vela
la planche à voile	*la pla-nsh a v'ual*	plancha a vela

la côte	*la kot*	la costa
la mer	*la mër*	el mar
la plage	*la plaj'*	la playa
la rivière	*la riv'ïër*	el río
la caravane	*la karav'an*	la caravana

EL OCIO Y LA CULTURA

A los franceses les gusta mucho ir al restaurante, teatro, cine o incluso ir a bailar con sus amigos... En las grandes ciudades, sobre todo en París, se pueden encontrar todas las películas de cine en versión original.

les loisirs	*le luasir*	ocio
la séance	*la sea-ns*	la función
le spectacle	*lœ spektakl*	el espectáculo
le théatre	*lœ teatr*	el teatro
le concert	*lœ ko-nsër*	el concierto
le cinéma	*lœ sinema*	el cine
le film	*lœ film*	la película
l'exposition	*lëksposisio-n*	la exposición
sortir	*sortir*	salir
le pub	*lœ pœb*	el pub
la boîte (de nuit)	*la buat (dœ nüi)*	la discoteca
danser	*da-nse*	bailar
le CD	*lœ se de*	el CD (compact disc)
la chaîne hi-fi	*la shën hi fi*	el equipo de música
le sport	*lœ spor*	el deporte
la piscine	*la pisin*	la piscina

On va boire un pot ? Je t'invite.
o-n v'a buar œ-n po j'œ të-nv'it
¿Vamos a beber algo?, te invito.

D'accord.
dakor
De acuerdo.

Est-ce qu'il y a un tarif réduit ?
ëskilia œ-n tarif redüi
¿Hay tarifa reducida?

Où peut-on danser ?
u pœto-n da-nse
¿Dónde se puede bailar?

EST-CE QU'IL Y A UN TARIF RÉDUIT ?
(¿Hay tarifa reducida?)

PALABRAS DE AMOR

amoureux	*amurœ*	enamorado
le coup de foudre	*lœ ku dœ fudr*	el flechazo
avoir le ticket avec quelqu'un	*av'uar lœ tike avek këlkœ-n*	hacer tilín a alguien
l'amour fou	*lamur fu*	el amor loco
draguer; dragueur	*drague, dragœr*	ligar; ligón
être jaloux	*ëtr j'alu*	estar celoso
tromper quelqu'un	*tro-npe këlkœ-n*	ser infiel
plaquer quelqu'un	*plake këlkœ-n*	dejar a alguien plantar
mettre à la porte	*mëtr a la port*	echar, expulsar
l'ex	*lëks*	el/la ex
cajoler	*kaj'ole*	mimar
caresser	*karëse*	acariciar
embrasser	*a-nbrase*	abrazar
faire l'amour	*fër lamur*	hacer el amor
le baiser	*lœ bëse*	el beso

Aquí le damos algunas frases "clásicas" para entrar en contacto:

Vous avez du feu ?
V'u sav'e dü fœ
¿Tiene/tienes fuego?

Vous venez / tu viens ici souvent ?
v'u v'œne / tü viё-n isi suv'a-n
¿Suele / sueles venir aquí a menudo?

J'ai perdu mon numéro de téléphone, je peux avoir le vôtre / le tiens ?
j'ё pёrdü mo-n nümero dœ telefon j'œ pœ av'uar lœ v'otr / lœ tiё-n
He perdido mi numero de teléfono, ¿me puede/puedes dar el suyo/tuyo?

Y si no le apetece:

Je suis avec mon ami / mon amie.
j'œ sui av'ek mo-n ami
Estoy con mi pareja.

la pilule	*la pilül*	la píldora
le contraceptif	*lœ ko-ntraseptif*	el anticonceptivo
le présevatif	*lœ preșёrv'atif*	el presevativo
le diaphragme	*lœ diafragm*	el diafragma
le stérilet	*lœ sterile*	el D.I.U.
les règles	*le rёgl*	el período
les tampons	*le ta-npo-n*	los tampones
l'avortement, IVG	*lav'ortœma-n*	el aborto
la grossesse	*la grosёs*	el embarazo
enceinte	*a-nsё-nt*	encinta, embarazada
la maladie vénérienne	*la maladi v'eneriёn*	enfermedad venérea
le SIDA	*lœ SIDA*	el SIDA

EL BAÑO - LOS SERVICIOS

occupé	*oküpe*	ocupado
libre	*libr*	libre
Messieurs	*mesiœ*	caballeros
Dames	*dam*	señoras
le papier hygiénique	*lœ papie ij'ienik*	el papel higiénico
les serviettes hygiéniques	*le serv'iët ij'ienik*	las compresas higiénicas

Où sont les toilettes, s'il vous plaît ?
u so-n le tualët sil v'u plë
¿Dónde está el baño / están los servicios, por favor?

Il y a des W.C. publics ?
ilia de v'ese püblik
¿Hay servicios?

ESTAR ENFERMO

la pharmacie	*la farmasi*	la farmacia
l'hôpital	*lopital*	el hospital
le médecin	*lœ med(œ)së-n*	el médico
l'infirmière	*lë-nfirmiër*	la enfermera
le dentiste	*lœ da-ntist*	el dentista
la douleur	*la dulœr*	el dolor
malade	*malad*	enfermo
la maladie	*la maladi*	la enfermedad
l'examen	*legsamë-n*	el examen
le diagnostic	*lœ diagnostik*	el diagnóstico
la radio	*la radio*	la radio
le traitement	*lœ trët(œ)ma-n*	el tratamiento
le pansement	*lœ pa-ns(œ)ma-n*	el esparadrapo
la piqûre	*la pikür*	la inyección
les comprimés	*le ko-nprime*	los comprimidos

vacciner	*v'aksine*	vacunar
prescrire	*prëskrir*	recetar
l'ordonnance	*lordona-ns*	la receta
contagieux	*kontaj'iœ*	contagioso
faire mal	*fër mal*	hacer daño
blessé	*blese*	herido
brûlé	*brüle*	quemado
cassé	*kase*	quebrado
respirer	*rëspire*	respirar
tordu	*tordü*	torcido
vomir	*v'omir*	vomitar
l'allergie	*lalërj'i*	la alergia
la coupure	*la kupür*	el corte
la fièvre	*la fiëv'r*	la fiebre
la fracture	*la fraktür*	la fractura
l'infection	*lë-nfeksio-n*	la infección
la nausée	*la nose*	la náusea
la plaie	*la plë*	la herida
le plombage	*lœ plo-nbaj'*	el empaste
le régime	*lœ rej'im*	el régimen
le rhume	*lœ rüm*	el resfriado
la toux	*la tu*	la tos
la grossesse	*la grosës*	el embarazo
les règles	*le rëgl*	el período

Anatomía

l'appendice	*lapë-ndis*	el apéndice
le cerveau	*lœ sërv'o*	el cerebro
le cœur	*lœ kœr*	el corazón
l'estomac	*lëstoma*	el estómago
la foie	*lœ fua*	el hígado
l'intestin	*lë-ntestë-n*	el intestino
le muscle	*lœ müskl*	el músculo
l'os / les os	*los / leso*	el hueso / los huesos

la peau	*la po*	la piel
le poumon	*lœ pumo-n*	el pulmón
le rein	*lœ rë-n*	el riñón
le sang	*lœ sa-n*	la sangre
la veine	*la v'ën*	la vena
la tête	*la tët*	la cabeza
le visage	*lœ v'isaj'*	el rostro
l'œil / les yeux	*lœy / lesiœ*	el ojo/los ojos
la bouche	*la bush*	la boca
les dents	*le da-n*	los dientes
le nez	*lœ ne*	la nariz
l'oreille	*lorëy*	la oreja
la gorge	*la gorj'*	la garganta
le cou	*lœ ku*	el cuello
la nuque	*la nük*	la nuca
l'épaule	*lepol*	el hombro
le bras	*lœ bra*	el brazo
le coude	*lœ kud*	el codo
le doigt	*lœ dua*	el dedo
la poitrine	*la puatrin*	el pecho
le ventre	*lœ v'a-ntr*	el vientre
le dos	*lœ do*	la espalda
le pénis	*lœ penis*	el pene
le vagin	*lœ v'aj'ë-n*	la vagina
la jambe	*la j'a-nb*	la pierna
le genou	*lœ j'œnu*	la rodilla
le pied	*lœ pie*	el pie
le talon	*lœ talo-n*	el talón

J'ai mal à la gorge / à la tête / aux dents.
j'ë mala la gorj' / a la tët / o da-n.
Me duele / duelen la garganta / la cabeza / los dientes.

Ça fait mal.
sa fë mal
Me duele.

J'ai besoin d'un médecin.
j'ë bœsuë-n dœ-n med(œ)së-n
Necesito un médico.

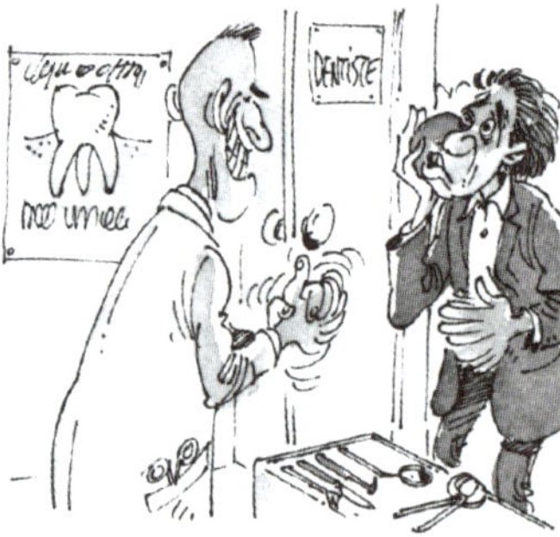

J'AI MAL AUX DENTS.
(Me duelen los dientes.)

Appelez un médecin, s'il vous plaît.
apœle œ-n med(œ)së-n sil v'u plë
Llame a un médico, por favor.

EL ARGOT

El argot forma parte del lenguaje familiar de todos los días. Pero los extranjeros, aún teniendo una buena base en francés, tienen a menudo problemas para comprender todas estas palabras y expresiones que no forman parte del vocabulario que se aprende en la escuela. Estas páginas le ayudarán a entender el argot más común, ¡pero cuidado, aprenda a emplearlo con conocimiento de causa!

machin	*mashë-n*	trasto, cosa
le truc	*lœ trük*	el chisme
le fric	*lœ frik*	la pasta
le boulot	*lœ bulo*	la tarea
la bouffe	*la buf*	la comida
bouffer	*bufe*	jalar
la bagnole	*la bañol*	el coche

une nana	*ün nana*	una tía, chica
un mec	*œ-n mëk*	un tío, gachó
le / la gosse / môme	*gos / mom*	el / la chiquillo,a; el / la chaval,a
piquer	*pike*	robar, mangar
branché	*bra-nshe*	al loro, de moda
la boum	*la bum*	el guateque
vachement	*v'ashma-n*	muy, terriblemente
la bagarre	*la bagar*	la trifulca, la gresca
marrant	*mara-n*	gracioso
la gueule	*la gœl*	la jeta
gueuler	*gœle*	gritar, vocear
s'engueuler	*sa-ngœle*	reñir
le bazar / le bordel	*lœ basar / bordël*	búrdel / confusión
la piaule	*la piol*	el cuarto
fabriquer	*fabrike*	fabricar / hacer
la clope	*la klop*	el cigarro
bosser	*bose*	currar
génial	*j'enial*	genial
chouette / super	*shuët / süpër*	fantástico / genial
connerie	*kon(œ)ri*	jilipollada
déconner	*dekone*	desvariar, estar de cachondeo
le bahut	*lœ baü*	el cole
le tube	*lœ tüb*	el éxito (canción)

Je suis crevé !	*j'œ süi krœv'e*	¡Estoy reventado!
Laisse tomber !	*lës to-nbe*	¡Déjalo! ¡Olvídalo!
Je craque !	*j'œ krak*	Voy a explotar.
Je m'en fous!	*j'œ ma-n fu*	Me da igual.
C'est bidon.	*së bido-n*	Es un camelo.
J'en ai marre !	*j'a-në mar*	¡Estoy harto!

Il est rigolo / dingue / sympa / extra / sensas / super.
il ë rigolo / dë-ng / së-npa / ëkstra / sa-nsas / süpër
Es divertido / está chalado / es simpático / es alucinante / está super bien.

Expresiones con "ça"		
ça va ? ça va !	*sa v'a*	¿qué tal? / ¡bien!
ça suffit !	*sa süfí*	¡ya vale!
ça nous dérange	*sa nu dera-nj'*	nos molesta
ça me plaît	*sa mœ plë*	me gusta
ça marche	*sa marsh*	funciona, de acuerdo
ça existe	*sa eksist*	existe
ça ne me regarde pas	*sa nœ mœ rœgard pa*	no es asunto mío
ça se peut	*sa sœ pœ*	puede ser
ça m'arrange bien	*sa mara-nj' bië-n*	me va/viene bien
ça arrive	*sa ariv'*	ya llega
ça promet	*sa prome*	eso promete
ça dure	*sa dür*	está durando...
ça t'intéresse ?	*sa të-nterës*	¿te interesa?

LOS TACOS

A continuación le damos una lista de los tacos más empleados en la lengua francesa. Sepa que no todos los franceses aprecian este vocabulario y que es conveniente utilizarlo a conciencia.

le salaud	*salo*	sinvergüenza, cabrón
la salope	*salop*	sinvergüenza (f), puerca
merde !	*mërd*	mierda
merdique	*mërdik*	asqueroso
emmerder	*a-nmërde*	jorobar, hacer la puñeta
emmerdant	*a-nmërda-n*	coñazo
minable	*minabl*	lamentable, mezquino
con	*ko-n*	imbécil, jillipolla
con(nard) / connasse	*konar / konas*	jilipollas (hombre / mujer)
moche	*mosh*	feo, fea
dégueulasse	*degœlas*	asqueroso,a

foutu	*futü*	hecho polvo, jodido
foutre 💣	*futr*	joder
putain 💣	*pütë-n*	puta
bordel	*bordël*	burdel

Espèce de con ! 💣	*espës dœ ko-n*	¡Jilipollas!
... d'imbécile	*dë-nbesil*	¡Imbécil!
... d'idiot	*didio*	¡Idiota!
Pauvre type !	*pov'r tip*	¡Pobre imbécil!
C'est chiant ! 💣	*së shia-n*	¡Qué coñazo!

Fous le camp ! 💣	*fu l(œ) ka-n*	¡Lárgate!
Fiche-moi la paix !	*fish mua la pë*	¡Déjame en paz!
Arrête !	*arët*	¡Para!
Tire-toi !	*tir tua*	¡Apártate, vete!
Pas question !	*pa këstio-n*	¡Ni hablar!
Tu parles !	*tü parl*	¡Qué te crees!, Qué va!
Tu rigoles !	*tü rigol*	¡Bromeas!
Tu déconnes !	*tü dekon*	¡Alucinas!
Ça suffit !	*sa süfi*	¡Ya basta!
Je vais te casser la gueule ! 💣	*j'œ v'ë tœ kase la gœl*	¡Te voy a romper las narices!
Ta gueule ! 💣	*ta gœl*	¡Cállate la boca!

Il est nul / zéro / dégueu / débile...
il e nül / sero / degœ / debil
Es un negado, un inútil, un asqueroso, un imbécil.

Putain de bagnole ! 💣	*pütë-n dœ bañol*	¡Puto coche!
Bordel de merde ! 💣	*bordël dœ mërd*	¡Qué mierda!

"VERLAN" Y "FRANGLAIS"

El **verlan** es un argot especial y muy divertido. En general son los jóvenes quienes lo utilizan.

Las palabras se construyen invirtiendo las sílabas y los sonidos. He aquí algunos de los ejemplos más corrientes:

une meuf (= une femme)	*ün mœf*	una mujer
un keum (= un mec)	*œ-n kœm*	un tío
le tromé (= le métro)	*lœ trome*	el metro
le féca (= le café)	*lœ feka*	el café
"Laisse béton" (= Laisse tomber)	*lës beto-n*	¡Déjalo!

Como ocurre en todas las lenguas, el inglés está cada vez más presente en la lengua francesa, se le llama "**franglais**", *franglés*. A continuación le damos algunas de las palabras más utilizadas en el lenguaje de todos los días:

cool	*cul*	tranquilo
D.J.	*didj'i*	disc-jockey
flipper	*flipœr*	billar automático
le flirt	*flœrt*	el ligue
garden-party	*gardœn-parti*	fiesta en un jardín
le match	*lœ mach*	el partido (de fútbol)
le meeting	*miti-ng*	mitin
le mixage	*miksaj'*	la mezcla
le must	*mœst*	lo imprescindible
planing	*planing*	plan de trabajo
un rocker	*rokœr*	rockero
le week-end	*lœ ui-kënd*	el fin de semana

ABREVIATURAS COMUNES

Cuando vamos a un país extranjero, nos encontramos siempre con muchas abreviaturas que no sabemos descifrar. Adjuntamos una lista que podría serle útil:

ANPE	*a ën pe œ*	INEM
RER	*ër œ ër*	Tren de cercanías (en región parisina)

BD	*be de*	comic
UE	*ü œ*	U.E.
HLM	*ash ël ëm*	Vivienda Subvencionada (VPO)
SIDA	*sida*	SIDA
K7	*kasët*	cassette
SMIC	*smik*	sueldo mínimo
SNCF	*ës ën se ëf*	RENFE
SVP	*ës v'e pe*	por favor
TGV	*te j'e v'e*	AVE
TVA	*te v'e a*	IVA
RATP	*ër a te pe*	Empresa pública del metro parisino
ZAC	*sak*	Zona de ordenación territorial concertada
ZUP	*süp*	área de urbanización prioritaria

He aquí algunos prefijos que podrán ayudarle:

extra	**(-ordinaire)**	extra (ordinario)
ekstra	*(-ordinër)*	
sensas	**(sensationnel)**	sensacional
sa-nsas	*(-ionël)*	
le ciné	**(-ma)**	cine
sine	*(-ma)*	
la manif	**(-estation)**	mani (festación)
manif	*(-ëstasio-n)*	
le resto	**(restaurant)**	restaurante
rësto	*(-ra-n)*	
sympa	**(-thique)**	simpático
së-npa	*(-tik)*	
le bac	**(-calauréat)**	bachillerato
bak	*(-kalorea)*	
la fac	**(-ulté)**	la universidad
fak	*(-ülte)*	
le prof	**(-esseur)**	profe (sor)
prof	*(-esœr)*	

la gym *j'im*	**(-nastique)** *(-nastik)*	gimnasia
les maths *mat*	**(mathématiques)** *(-ematik)*	mates (matemáticas)
le frigo *frigo*	**(frigidaire)** *(frij'idër)*	frigo (rífico)
la pub *püb*	**(licité)** *(-lisite)*	pub (licidad), los anuncios
l'expo *ëkspo*	**(-sition)** *(-sisio-n)*	expo (sición)

El Francés
de bolsillo, ¿le ha despertado el deseo de llegar más lejos?

ASSIMIL®

vous propose sa méthode

El Francés sin esfuerzo

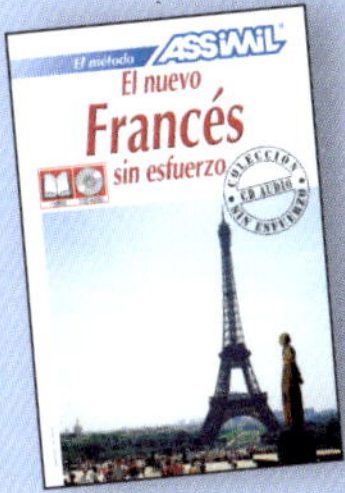

99 lecciones en 448 páginas
3 CD audio
de una duración de 2h15

Este método le permitirá adquirir el nivel de conversación corriente a través de un francés vivo y actual gracias a su principio único:

la asimilación intuitiva®

Descubra este principio en la página siguiente.

LOS MÉTODOS ASSIMIL

Collección Sin Esfuerzo

Para aprender idiomas de forma amena y cómoda, Assimil aplica a sus métodos un principio exclusivo, muy simple pero eficaz,

la asimilación intuitiva®

Este principio reinicia (en el lector) el proceso natural gracias al cual aprendimos nuestra lengua materna.
Progresivamente, a través de diálogos dinámicos, simples notas gramaticales y ejercicios, Assimil le sumergirá poco a poco en la conversación corriente:
Durante la primera parte de su estudio (la fase pasiva), le familiarizaremos con el idioma estudiado, escuchando y repitiendo cada lección.
Alrededor de la lección 50 iniciará la fase activa que le permitirá aplicar las estructuras y mecanismos asimilados, y siempre en constante progreso.

En pocos meses, cualquiera que sea la lengua que estudie, será capaz de hablar sin complejos ni dudas, de forma natural.

Los resultados le soprenderán.

Lista de abreviaturas empleadas			
m	masculino	*f*	femenino
pl	plural		
v	verbo	*	verbo irregular

FRANCÉS-ESPAÑOL

A

à	a, en
à peu près	más o menos
abeille (*f*)	abeja
abîmer	estropear
abréviation (*f*)	abreviatura
abri (*m*)	abrigo (lugar = refugio)
absent	ausente
absolument	absolutamente, en absoluto
abus (*m*)	abuso
accélérer	acelerar
accepter	aceptar
accès (*m*)	acceso
accident (*m*)	accidente
accompagner	acompañar
achat (*m*)	compra
acheter	comprar
achever	acabar
acide	ácido
activité (*f*)	actividad
addition (*f*)	adición, suma, cuenta
administration (*f*)	administración, gestión
admirer	admirar
adresse (*f*)	dirección
aéroport (*m*)	aeropuerto
affaire (*f*)	negocio, asunto
affreux	horroroso
âge (*m*)	edad
agence (*f*)	agencia
agent de police (*m*)	(agente de) policía
agir	obrar, actuar
agréable	agradable
aider	ayudar
aiguille (*f*)	aguja
ail (*m*)	ajo
ailleurs	en otra parte
aimable	amable
aimer	amar, querer, gustarle a uno
air (*m*)	aire
air (avoir* l'~)	parecer
aller*	ir

aller* chercher	ir a buscar
allonger	alargar
allumer	encender
allumette (*f*)	cerilla
alors	entonces
altitude (*f*)	altitud
ambassadeur (*m*)	embajador
améliorer	mejorar
amener	traer
amer	amargo
ami,e	amigo,a
ami,e (être* ~)	ser amigo,a
amour (*m*)	amor
ampoule (*f*)	ampolla, bombilla
amuser (s'~)	divertirse
an (*m*)	año
animal (*m*)	animal
année (*f*)	año
annonce (*f*)	anuncio
annuaire (*m*)	guía de teléfono
annuel	anual
appareil (*m*)	aparato
apparemment	aparentemente
appartement (*m*)	apartamento
appeler	llamar
appeler (s'~)	llamarse
apporter	aportar, traer, llevar
apprendre	aprender, enseñar
approcher (s'~)	aproximarse, acercarse
après	después
après-demain	pasado mañana
après-midi (*m + f*)	tarde
arbre (*m*)	árbol
argent (*m*)	dinero
argentin	argentino
Argentine	Argentina
armoire (*f*)	armario
arrêt (*m*)	parada
arrêter	parar
arrière (en ~)	para atrás
arrivée (*f*)	llegada
arriver	llegar
art (*m*)	arte
article (*m*)	artículo
artiste (*m + f*)	artista
ascenseur (*m*)	ascensor
asseoir* (s'~)	sentarse
assez	bastante
assiette (*f*)	plato
assis (être* ~)	estar sentado
assurance (*f*)	seguridad, seguro
assurer	asegurar
atteindre*	alcanzar
attendre	esperar
attentif	atento
Attention !	¡atención!
attestation (*f*)	atestación, atestado
attester	atestar, atestiguar
attraper	atrapar
auberge (*f*)	albergue
aucun	ningún
au-dessous de	debajo de
au-dessus de	sobre, por encima de
augmenter	aumentar
aujourd'hui	hoy
aussi	también / tan
authentique	auténtico
automatique	automático
automne (*m*)	otoño
autorisé (à)	autorizado (para)
autour de	alrededor de
autre	otro

autrefois	en otro tiempo, antaño
autrement	de otro modo
avant	antes
avant que	antes de que
avantage (*m*)	ventaja
avant-hier	antes de ayer
avare	avaro
avec	con
avenir (*m*)	porvenir, futuro
avertir	avisar, advertir
aveugle	ciego
avion (*m*)	avión
avocat (*m*)	abogado
avoir*	tener, haber

B

bagages (*m pl*)	equipaje
bague (*f*)	anillo, sortija
baie (*f*)	bahía / baya
baigner (se ~)	bañarse
bail (*m*)	arriendo
bain (*m*)	baño
baiser (*m*)	beso
bal (*m*)	baile
balance (*f*)	balanza, peso
ballon (*m*)	balón
banc (*m*)	banco (para sentarse)
banlieue (*f*)	afueras, extrarradio, cercanias
banque (*f*)	banco (establecimiento)
bar (*m*)	bar, tasca
bas	bajo
bas (en ~)	abajo
bateau (*m*)	barco
bâtiment (*m*)	edificio
bâton (*m*)	bastón, palo
battre*	batir, golpear, pegar
beau	bello, bonito, guapo
beaucoup	mucho
beau-frère (*m*)	cuñado
beauté (*f*)	belleza
belge	belga
Belgique	Bélgica
belle-sœur (*f*)	cuñada
besoin (*m*)	necesidad
besoin de (avoir* ~)	necesitar
bête (*f*)	bestia, animal
beurre (*m*)	mantequilla
bicyclette (*f*)	bicicleta
bien que	aunque
bientôt	pronto
bienvenu	bienvenido
bière (*f*)	cerveza
bijou (*m*)	joya
billet (*m*)	billete
bistrot (*m*)	bar, tasca
bizarre	raro
blague (*f*)	chiste
blanc	blanco
blessure (*f*)	herida
bleu	azul
blond	rubio
bœuf (*m*)	buey
boire*	beber
bois (*m*)	madera, bosque
boisson (*f*)	bebida
boîte aux lettres (*f*)	buzón
boîte de nuit (*f*)	club de noche, discoteca
boîte (*f*)	caja
bon	bien, bueno
bon marché	barato
bord (*m*)	borde, orilla
bouche (*f*)	boca
boue (*f*)	lodo, barro
bougie (*f*)	vela

boucle d'oreille (*f*)	pendiente
boulanger (*m*)	panadero
boulangerie (*f*)	panadería
bouquet (*m*)	ramo
bout (*m*)	punta, cabo, trozo
bouteille (*f*)	botella
bouton (*m*)	botón, grano
bracelet (*m*)	pulsera, correa de reloj
branche (*f*)	rama
bras (*m*)	brazo
briller	brillar
briquet (*m*)	mechero
bronzer	broncear
brosse (*f*)	cepillo, brocha
brouillard (*m*)	niebla
bruit (*m*)	ruido
brun	moreno
bruyant	ruidoso
bureau (*m*)	oficina
bus (*m*)	autobús
but (*m*)	meta, objetivo

C

ça	esto
cabane (*f*)	cabaña
cadeau (*m*)	regalo
cahier (*m*)	cuaderno
caisse (*f*)	caja
calculer	calcular
calendrier (*m*)	calendario
calme	tranquilo
caméra (*f*)	cámara
camion (*m*)	camión
capable	capaz
capable (être* ~ de)	ser capaz de
capitale (*f*)	capital
car	pues, porque
car (*m*)	autocar
carrefour (*m*)	encrucijada
carré	cuadrado
carte d'identité (*f*)	carnet de identidad
carte géographique (*f*)	mapa
carte postale (*f*)	tarjeta postal
carte (*f*)	tarjeta / carta
cas d'urgence (*m*)	caso de urgencia
casser	romper, partir, quebrar
casserole (*f*)	cazuela, cacerola, cazo
cassé	roto, quebrado
cathédrale (*f*)	catedral
cause (à ~ de)	a causa de
cause (*f*)	causa
causer	causar, conversar
cave (*f*)	sótano
c'est-à-dire	es decir
c'est pourquoi	por eso
célèbre	célebre
célibataire	soltero
centre (*m*)	centro
certain	cierto, seguro
certains	algunos
cerveau (*m*)	cerebro
chacun	cada uno
chaise (*f*)	silla
chaleur (*f*)	calor
chambre (*f*)	habitación
champ (*m*)	campo
champignon (*m*)	champiñón
chance (*f*)	suerte
change (*m*)	cambio
changer	cambiar
changer (se ~)	cambiarse, mudarse
chanson (*f*)	canción
chanter	cantar
chaque	cada

chaque fois	cada vez
charger	cargar
chat *(m)*	gato
château *(m)*	castillo
chaud	caliente
chauffage *(m)*	calefacción
chauffer	calentar
chaussette *(f)*	calcetín
chaussure *(f)*	zapato
chef d'œuvre *(m)*	obra maestra
chemin *(m)*	camino
chemise *(f)*	camisa
chèque *(m)*	cheque
cher	caro
chercher	buscar
cheval *(m)*	caballo
cheveux *(m pl)*	cabello, pelo
chien *(m)*	perro
chiffre *(m)*	cifra, número
choisir	elegir
choix *(m)*	elección, alternativa
chose *(f)*	cosa
chose (la même ~)	la misma cosa, lo mismo
chrétien *(m)*	cristiano
ciel *(m)*	cielo
cigare	cigarro puro
cigarette	cigarillo, cigarro
cimetière *(m)*	cementerio
cinéma *(m)*	cine
circonstance *(f)*	circunstancia
circulation *(f)*	circulación
ciseaux *(m pl)*	tijeras
clair	claro
classe *(f)*	clase
clé, clef *(f)*	llave
clou *(m)*	clavo
cœur *(m)*	corazón
cœur (par ~)	de memoria

coiffeur *(m)*	peluquero
coin *(m)*	esquina
colère *(f)*	cólera, furor
collectionner	coleccionar
colline *(f)*	colina
combien	cuánto
comble	lleno, atestado
commande *(f)*	encargo, pedido
commander	mandar, ordenar, pedir
comme	como
comme ça	así
comme si	como si
commencer	comenzar
comment	cómo
comparaison *(f)*	comparación
comparer	comparar
complètement	completamente
composer	componer, arreglarse, acomodarse con
comprendre*	comprender, entender
comprimé *(m)*	comprimido
compte-rendu *(m)*	informe
compter	contar
concernant	concerniente
concours *(m)*	concurso
condition *(f)*	condición
condoléances *(f pl)*	pésame
conduire	conducir
conduite *(f)*	conducta
confiance (avoir ~)	confianza (tener confianza)
confirmer	confirmar
confiture *(f)*	mermelada
confondre	confundir
confortable	confortable

congés (*m pl*)	permiso, vacaciones
connaître*	conocer
connu	conocido
conscient	consciente
conseil (*m*)	consejo
consentir*	aprobar, consentir
considérable	considerable
considérer	considerar
consigne (*f*)	consigna
consommer	consumir, gastar
constater	darse cuenta
constipé	estriñido
construire*	construir
content	contento
contenu (*m*)	contenido
continuer	continuar
contraire (*m*)	contrario
contrat (*m*)	contrato
contre	contra
contribution	contribución
contrôleur (*m*)	controlador
convaincre*	convencer
convenir* de	convenir
conversation (*f*)	conversación
coq (*m*)	gallo
corde (*f*)	cuerda
cordonnier (*m*)	zapatero
corps (*m*)	cuerpo
correspondance (*f*)	correspondencia
côte (*f*)	costilla, pendiente, cuesta
côté (*m*)	lado
côté (à ~ de)	al lado de
coton (*m*)	algodón
cou (*m*)	cuello
couché (**être*** ~)	estar tumbado
coudre*	coser
couler	derramar, verter, correr
couleur (*f*)	color
coup (*m*)	golpe
coup de téléphone (*m*)	llamada telefónica
couper	cortar
cour (*f*)	patio
courant (*m*)	corriente
courir*	correr
courrier (*m*)	correo
court	corto
couteau (*m*)	cuchillo
coûter	costar
coûteux	costoso
coutume (*f*)	costumbre
couverture (*f*)	cubierta, manta
craindre*	temer
crainte (*f*)	temor
crayon (*m*)	lápiz
crépuscule (*m*)	crepúsculo
crier	gritar
crime (*m*)	crimen
croire	creer
cru	crudo
Cuba	Cuba
cubain	cubano
cuillère (*f*)	cuchara
cuir (*m*)	cuero
cuisine (*f*)	cocina
cuit	cocido, hecho
curieux	curioso

D

d'abord	primero
D'accord !	¡de acuerdo!
danger (*m*)	peligro
dangereux	peligroso
dans	en
danse (*f*)	baile
danser	bailar

date (*f*)	fecha
de	de
début (*m*)	inicio, principio
décharger	descargar
décider	decidir
décision (*f*)	decisión
déclarer	declarar
découvrir*	descubrir
déçu	decepcionado, disgustado
dedans	dentro
défaut (*m*)	defecto, falta
défendre	prohibir, defender
dehors	fuera, en el exterior
déjà	ya
déjeuner (*m*)	desayunar
demain	mañana (*adverbio*)
demande (*f*)	demanda
demander	preguntar, pedir
déménager	mudarse
demi	medio
dent (*f*)	diente
dentiste (*m + f*)	dentista
départ (*m*)	salida
dépêcher (**se ~**)	darse prisa
dépenser	gastar
dépenses (*f pl*)	gastos
depuis	desde, desde hace
déranger	molestar
dernier	último
derrière	detrás
désagréable	desagradable
descendre	bajar, descender
déshabiller (**se ~**)	desvestirse
désir (*m*)	deseo
désirer	desear
désolé (**être ~ de**)	lamentar, sentir
désordre (*m*)	desorden
dessiner	dibujar
dessus	encima
détail (*m*)	detalle
détour (*m*)	rodeo
détruire*	destruir
deuxième	segundo,a
devant	delante
développement (*m*)	desarrollo
développer	desarrollar
devenir*	volverse, hacerse
déviation (*f*)	desviación
devoir*	deber
devoir (*m*)	deber
différence (*f*)	diferencia
différent	diferente, distinto
difficile	difícil, delicado
difficulté (*f*)	dificultad
dîner (*m*)	cena
dîner (*v*)	cenar
dire*	decir
direct	directo
direction (*f*)	dirección
diriger (**se ~**)	dirigirse a
discussion	discusión
disparaître*	desaparecer
dispute (*f*)	disputa
disque (*m*)	disco
distinguer	distinguir
distributeur automatique (*m*)	distribuidor automático
diviser	dividir
doigt (*m*)	dedo
Dommage !	¡Qué lástima!
dommage (*m*)	daño, perjuicio
donc	pues

donner	dar, entregar
dormir*	dormir
dos (*m*)	espalda
douane (*f*)	aduana
double	doble
doucement	despacio, suavamente
douche (*f*)	ducha
douleur (*f*)	dolor
doute (*m*)	duda
douter	dudar
doux	suave, dulce
douzaine (*f*)	docena
drap (*m*)	sabana, paño
droit,e	derecho,a
droit (*m*)	derecho
droits (*m pl*)	derechos
droite (**à ~**)	(a la) derecha
dur	duro
durée (*f*)	duración
durer	durar

E

eau (*f*)	agua
échange (*m*)	cambio, intercambio
échanger	cambiar, intercambiar
éclair (*m*)	relámpago
éclairer	alumbrar
école (*f*)	colegio
écouter	escuchar
écrire*	escribir
écriture (*f*)	escritura
éducation (*f*)	educación
effet (*m*)	efecto
efficace	eficaz
effort (*m*)	esfuerzo
égal	igual
église (*f*)	iglesia
élection (*f*)	elección
élève (*m + f*)	alumno
élire	elegir
éloigné	alejado
embrasser	abrazar, besar
émission (*f*)	emisión
emmener	llevar
empêcher	impedir
employé	empleado
employer	emplear, utilizar
emprunter	pedir prestado
en	en
enceinte	encinta
encore	todavía, aún, de nuevo
endormir (**s'~**)	dormirse
endroit (*m*)	sitio, lugar
enfant (*m + f*)	muchacho,a
enfin	enfín
ennuyeux	aburrido, molesto
enseigner	enseñar
ensemble	juntos
ensuite	después, luego
entendre	oír
entier	entero, completo
entièrement	enteramente
entre	entre
entrée (*f*)	entrada
entreprise (*f*)	empresa
entrer	entrar
Entrez !	¡adelante!
enveloppe (*f*)	envoltura
envelopper	envolver
environ	cerca de
environs (*m pl*)	afueras, alrededores
environnement (*m*)	medio ambiente
envoyer	enviar
épais	espeso
épargner	ahorrar

épaule (*f*)	hombro
épeler	deletrear
épingle (*f*)	alfiler
époque (à cette ~)	en esa época
épuisé	agotado
erreur (*f*)	error
escalier (*m*)	escalera
escargot (*m*)	caracol
espace (*m*)	espacio
Espagne	España
espagnol	español
espèces (en ~) (*f pl*)	en metálico
espérer	esperar (confiar en)
esprit (*m*)	espíritu, prueba, ensayo
essai (*m*)	intento
essayer	probar, ensayar
essence (*f*)	gasolina, esencia
est (*m*)	Este
estimer	estimar
estomac (*m*)	estómago
et	y
étang (*m*)	estanque
État (*m*)	Estado
été (*m*)	verano
éteindre*	apagar
étendue (*f*)	extensión, superficie
étoffe (*f*)	tela, tejido
étoile (*f*)	estrella
étrange	extraño
étranger (*m*)	extranjero
étranger,-ère	extranjero,a
être*	ser
étroit	estrecho
étudiant,e	estudiante
événement (*m*)	acontecimiento, evento
évidemment	evidentemente
éviter	evitar
exact	exacto, justo
exactement	exactamente
exagéré	exagerado
examiner	examinar
excellent	excelente
exception (*f*)	excepción
excuser	disculpar, excusar
exemple (*m*)	ejemplo
exercer	ejercer
exercer (s'~)	ejercitarse
exiger	exigir
expérience (*f*)	experiencia
expliquer	explicar
exposition (*f*)	exposición
expressément	expresamente
expression (*f*)	expresión
exprès (*adv.*)	expresamente, aposta
extérieur (à l'~)	fuera, en el exterior
externe	externo
extincteur (*m*)	extintor
extraordinaire	extraordinario

F

face (en ~)	enfrente
fâcher (se ~)	enfadarse
facile	fácil
facteur (*m*)	cartero
faible	débil, flaco
faiblesse (*f*)	debilidad
faim (*f*)	hambre
faim (avoir* ~)	tener hambre
faire*	hacer
faire* attention (à)	prestar atención (a)
faire* des courses	ir de compras

faire* des études	hacer una carrera
faire* la connaissance de	conocer a
faire* la cuisine	hacer la comida
faire* un effort	hacer un esfuerzo
fait (*m*)	hecho
famille (*f*)	familia
fatigant	fatigoso, fastidioso
fatigué	cansado, fatigado
fatiguer	cansar
faute (*f*)	falta, error
faux	falso
félicitations (*f pl*)	enhorabuena
féminin	femenino
femme (*f*)	mujer, esposa
fenêtre (*f*)	ventana
fermé	cerrado
fermer	cerrar
fermer à clé	cerrar con llave
feu (*m*)	fuego
feuille (*f*)	hoja
fiche (*f*)	papeleta, ficha
fièvre (*f*)	fiebre
fil (*m*)	hilo
filet (*m*)	hilito, filete, red
fille (*f*)	hija, chica
fils (*m*)	hijo
fin	fino
fin (*f*)	fin
finalement	finalmente
fixer	fijar
flamenco	flamenco
fleur (*f*)	flor
fleurir*	florecer
fleuve (*m*)	río
foie (*m*)	hígado
fois (une ~)	vez (una ~)
fonctionnement	funcionamiento
fonctionner	funcionar
force (*f*)	fuerza
forcer	forzar
forêt (*f*)	bosque
fort	fuerte
fou	loco
fourchette (*f*)	tenedor
fragile	frágil
frais	fresco
frais (*m pl*)	gastos
français	francés
France (*f*)	Francia
frapper	golpear, pegar
frère (*m*)	hermano
frigidaire (*m*)	nevera
froid	frio
froid (avoir* ~)	tener frío
fromage (*m*)	queso
frontière (*f*)	frontera
fruit (*m*)	fruto
fruits (*m pl*)	frutas, fruta
fumée (*f*)	humo
fumer	fumar
furieux	furioso
futur (*m*)	futuro

G

gagner	ganar
gai	alegre
garçon (*m*)	niño, chico
garder	guardar
gare (*f*)	estación
garer (se)	aparcar
gauche (à ~)	(a la) izquierda
général	general
genou (*m*)	rodilla
gendre	yerno
gens (*m pl*)	gente

gentil	gentil, atento
gel (*m*)	helada
glace (*f*)	hielo, helado
gorge (*f*)	garganta
goût (*m*)	gusto
goutte (*f*)	gota
gouvernement (*m*)	gobierno
grâce à	gracias a
grand	alto, grande
grand-mère (*f*)	abuela
grand-père (*m*)	abuelo
gras	grasiento
gratte-ciel (*m*)	rascacielos
gratuit	gratuito
grave	grave
grelot (*m*)	cascabel
grille (*f*)	reja, verja
gris	gris
gros	gordo
grotte (*f*)	gruta, caverna
groupe (*m*)	grupo
guerre (*f*)	guerra
guide (*m*)	guía
guider	guiar

H

habiller (s'~)	vestirse
habitant (*m*)	habitante
habitation	habitación
habiter	vivir, habitar
habitude (*f*)	costumbre, hábito
habituel	habitual
habituellement	habitualmente
habituer (s'~)	acostumbrarse
hâte (*f*)	prisa
haut	alto
haut (en ~)	en alto
hebdomadaire	semanal
hésiter	vacilar
heure (*f*)	hora
heure (à l'~)	por hora
heureux	felíz
hier	ayer
histoire (*f*)	historia
hiver (*m*)	invierno
homme (*m*)	hombre
hôpital (*m*)	hospital
horrible	horrible, terrible
hors de question	ni hablar
hôte (*m*)	huésped, hospedero
hôtel (*m*)	hotel
huile (*f*)	aceite
humide	húmedo

I

ici	aquí
idée (*f*)	idea
il y a	hay, hace
île (*f*)	isla
illuminé	iluminado
immeuble (*m*)	inmueble, edificio
important	importante
impossible	imposible
imprécis	impreciso
impression (*f*)	impresión
imprudent	imprudente
inattendu	inesperado
incendie (*m*)	incendio
incertain	incierto, inseguro
inconnu	desconocido
incroyable	increíble
indécent	indecente
indispensable	indispensable
inévitable	inevitable
inflammable	inflamable
information (*f*)	informe, información

injuste	injusto
innocent	inocente
inquiet	inquieto (preocupado)
inquiéter (s'~)	inquietarse
insister sur	insistir en
insolent	insolente
insuffisant	insuficiente
insupportable	insoportable
intelligent	inteligente, listo
intention (*f*)	intención
intention (**avoir* l'~ de**)	tener la intención
interdit	prohibido
intéressant	interesante
intérieur (à l'~)	en el interior, en, dentro
interprète (*m*) **+** (*f*)	intérprete
interrompre	interrumpir
inutile	inútil
inventer	inventar
invitation (*f*)	invitación
inviter	invitar
itinéraire (*m*)	itinerario

J

jamais	jamás
jaune	amarillo
jeter	tirar
jeu (*m*)	juego
jeu de cartes	juego de cartas
jeune	joven
joie (*f*)	alegría
joli	bonito
jouer	jugar
jour (*m*)	día
jour ouvré (*m*)	día trabajado
jour férié	día festivo
jours (**tous les ~**)	todos los días
journal (*m*)	periódico
juger	juzgar
jupe (*f*)	falda
jus (*m*)	zumo
jusqu'à	hasta
jusqu'ici	hasta aquí
juste	justo / en punto
justement	justamente

L

là	allí, ahí
là-bas	allá lejos
lac (*m*)	lago
laid	feo
laine (*f*)	lana
laisser	dejar
lait (*m*)	leche
lampe	lámpara
lampe de poche (*f*)	linterna
langue (*f*)	lengua
large	ancho, largo
largeur	anchura, ancho
laver	lavar
laver (**se ~**)	lavarse
léger	ligero
légume (*m*)	legumbre
lent	lento
lentement	lentamente, despacio
lettre (*f*)	carta
lever (**se ~**)	levantarse
lèvre (*f*)	labio
liberté (*f*)	libertad
lieu (*m*)	lugar, sitio
lieu (**au ~ de**)	en lugar de
lièvre (*m*)	liebre
ligne (*f*)	línea
liquide (*m*)	líquido
lire*	leer
liste (*f*)	lista

lit (*m*)	cama
litre (*m*)	litro
livre (*m*)	libro
livre (*f*)	libra (peso y moneda)
livrer	entregar
location (*f*)	alquiler
logement (*m*)	alojamiento, vivienda
logis (*m*)	vivienda, casa
loi (*f*)	ley
loin	lejos
lointain	lejano
loisirs (*m pl*)	ocio
long	largo
longtemps	mucho tiempo
longueur (*f*)	longitud
louer	alquilar, alabar
lourd	pesado
loyer (*m*)	alquiler
lumière (*f*)	luz
lune (*f*)	luna
lunettes (*f pl*)	gafas

M

machine (*f*)	máquina
Madame	señora
Mademoiselle	señorita
magasin (*m*)	tienda
magasin (**grand ~**)(*m*)	gran almacén
maigre	flaco, delgado
maillot (*m*) **de bain**	bañador
maillot (*m*) **de corps**	camiseta
main (*f*)	mano
maintenant	ahora
mais	pero
maison (*f*)	casa
mal à l'aise	molesto
malade	enfermo
maladie (*f*)	enfermedad
malchance (*f*)	mala suerte
malentendu (*m*)	equivocación, error
malgré	a pesar de
malheur (*m*)	desgracia, desdicha
malheureuse-ment	desgraciada-mente
malicieux	malicioso
manger	comer
manière (*f*)	manera
manque (*m*)	falta, escazez
manquer	faltar, fallar, carecer
manteau (*m*)	abrigo
marchander	regatear
marchandise (*f*)	mercancía
marché (*m*)	mercado
marcher	pisar, marchar, ir
marée haute / basse (*f*)	marea alta / baja
mari (*m*)	marido, esposo
mariage (*m*)	matrimonio
marier (**se ~**)	casarse
marmite (*f*)	olla
marron	marrón, castaño
marteau (*m*)	martillo
masculin	masculino
matière	materia, asignatura
matin (*m*)	mañana (nombre)
matin (**le ~**)	por la mañana
mauvais	malo
méchant	malo, malvado
médecin (*m*)	médico
Méditerranée (*f*)	mediterráneo
méfiance (*f*)	desconfianza
meilleur	mejor
même	mismo
même (**la ~ chose**)	lo mismo

même (le/la ~)	el mismo / la misma
même pas	ni siquiera
mensonge (*m*)	mentira
mensuel	mensual
mer (*f*)	mar
merci	gracias
mère (*f*)	madre
mesure (*f*)	medida
mesurer	medir
mètre (*m*)	metro
mettre*	poner, colocar, instalar
meuble (*m*)	mueble
mexicain	mejicano
Mexique	Méjico
midi (*m*)	mediodía
mieux	mejor
milieu (*m*)	medio, centro
milieu (au ~ de)	en la mitad / el medio / el centro de
mince	delgado
minuit	medianoche
minute (*f*)	minuto
miroir (*m*)	espejo
moderne	moderno
modifier	modificar
moins (au ~)	al menos
mois (*m*)	mes
mois (par ~)	por mes
moitié (*f*)	mitad
moment (*m*)	momento
monde (*m*)	mundo
monnaie (*f*)	dinero suelto, monedas, cambio
Monsieur	señor
montagne (*f*)	montaña
monter	subir
montre (*f*)	reloj de pulsera
montrer	enseñar (hacer ver), indicar
morceau (*m*)	pedazo, trozo
mort	muerto
mort (*f*)	muerte
mot (*m*)	palabra
moteur (*m*)	motor
mou	blando, suave
mouche (*f*)	mosca
mouchoir (*m*)	pañuelo
mouillé	mojado
mourir*	morir
moustache (*f*)	bigote
moustique (*m*)	mosquito
mouvement (*m*)	movimiento
moyen,ne	medio,a
moyen (*m*)	medio
moyens (avoir* les ~)	tener recursos
multicolore	multicolor
mur (*m*)	muro, pared
mûr	maduro
musée (*m*)	museo
musique (*f*)	música

N

nager	nadar
naissance (*f*)	nacimiento
nation (*f*)	nación
nationalité (*f*)	nacionalidad
nature (*f*)	naturaleza, temperamento
naturel	natural
ne … pas non plus	no … tampoco
né,e	nacido,a
nécessaire	necesario
négliger	descuidar
négocier	negociar
neige (*f*)	nieve
nettoyer	limpiar
neuf, neuve	nuevo,a

neveu (*m*)	sobrino
nez (*m*)	nariz
nièce (*f*)	sobrina
nier	negar
n'importe comment	de cualquier modo
n'importe lequel	cualquiera de ellos
n'importe où	dondequiera
n'importe qui	cualquiera
n'importe quoi	cualquier cosa, lo que sea
Noël (*m*)	Navidad
noir	negro
nom (*m*)	nombre, apellido
nombre (*m*)	número
nombreux	numerosos
non	no
nord (*m*)	norte
note (*f*)	nota, cuenta, factura
nourriture (*f*)	alimento, comida
nouveau, nouvelle	nuevo,a
nouveau (de ~)	de nuevo, otra vez
nouvelle (*f*)	noticia
nu	desnudo
nuage (*m*)	nube
nuisible	perjudicial
nuit (la ~)	por la noche
nuit (*f*)	noche
nulle part	en ningún sitio
numéro (*m*)	número

O

objet (*m*)	objeto
obscurité (*f*)	oscuridad
observer	observar
occasion (*f*)	ocasión, oportunidad
occupé	ocupado
occuper de (**s'~**)	ocuparse de
océan (*m*)	océano
odeur (*f*)	olor
œil (*m*)	ojo
œuf (*m*)	huevo
œuvre (*f*)	obra
offenser	ofender
offre (*f*)	oferta
offrir*	ofrecer
oiseau (*m*)	pájaro
ombre (*f*)	sombra
on	se (*pronombre indefinido*)
oncle (*m*)	tío
opposé	opuesto
orage (*m*)	tormenta
ordre (*m*)	orden
ordures (*f*) (*pl*)	basura, porqueria
oreille (*f*)	oreja
oreiller (*m*)	almohada
os (*m*)	hueso
oser	atreverse, osar
ou	o
ou … ou	o … o
où	dónde
où (d'~)	de dónde
oublier	olvidar
ouest (*m*)	oeste
oui	si
outil (*m*)	herramienta
outre (en ~)	además
ouvert	abierto
ouvrier (*m*)	obrero
ouvrir*	abrir

P

page (*f*)	página
pain (*m*)	pan
paix (*f*)	paz

pâle	pálido
panne (*f*)	avería
papier (*m*)	papel
papier (*m*) **à lettres**	papel de escribir
Pâques	Pascua
paquet (*m*)	paquete
par cœur	de memoria
par hasard	por casualidad
parapluie (*m*)	paragüas
parc (*m*)	parque
parce que	porque
par-dessus	por encima de
Pardon !	¡perdón!
pardonner	perdonar
pareil	semejante, tal, igual, lo mismo
parent (*m*)	pariente
parents (*m pl*)	padres (padre y madre)
paresseux	perezoso
parfait	perfecto
parfois	algunas veces, a veces
parfum (*m*)	perfume
parler	hablar
parmi	entre
part (**à ~**)	aparte
partager	dividir, repartir
parti (*m*)	partido (político)
partie (*f*)	parte
partir* (**pour**)	salir para
partout	por/en todas partes
pas (**ne... ~**)	no
pas cher	no caro, barato
pas encore	aún no
pas (*m*)	paso
passage (*m*)	pasaje
passé (*m*)	pasado
passeport (*m*)	pasaporte
patience (*f*)	paciencia
patron (*m*)	dueño, jefe patrón
pauvre	pobre
payer	pagar
pays (*m*)	país, tierra
paysage (*m*)	paisaje
paysan (*m*)	campesino
peau (*f*)	piel
pêcher	pescar
pêcheur (*m*)	pescador
peigne (*m*)	peine
peindre*	pintar
peine (*f*)	pena, esfuerzo
peine (**à ~**)	apenas
peinture (*f*)	pintura
pendant	durante, mientras
penser	pensar
penser à	pensar en
pente (*f*)	pendiente, cuesta, declive
Pentecôte (*f*)	Pentecostés
perdre	perder
père (*m*)	padre
périmé	caducado
permanent	permanente
permettre*	permitir
permis	permitido
permis de conduire (*m*)	carnet de conducir
permission (*f*)	permiso
personne	nadie
personne (*f*)	persona
personnel	personal
persuader	persuadir
peser	pesar
petit	pequeño
petit déjeuner (*m*)	desayuno
petite-fille (*f*)	nieta

petit-fils *(m)*	nieto
peu	poco
peu (un ~)	un poco
peuple *(m)*	pueblo
peur *(f)*	miedo, temor
peut-être	puede ser, tal vez, quizá
pharmacie *(f)*	farmacia
photo *(f)*	foto
phrase *(f)*	frase
pickpocket *(m)*	ratero
pièce *(f)*	pieza, trozo
pied *(m)*	pie
pied (à ~)	a pie
pierre *(f)*	piedra
pilule *(f)*	pastilla, píldora
piquant	picante, punzante
piquer	pinchar
place *(f)*	plaza, sitio
plafond *(m)*	techo
plage *(f)*	playa
plaindre* (se ~)	quejarse
plaine *(f)*	llano, llanura
plainte *(f)*	queja
plaire*	gustar, placer
plaisanterie *(f)*	broma, chiste
plaisir *(m)*	placer
plan *(m)*	plano
plante *(f)*	planta
plat	llano, plano
plein	lleno
pleurer	llorar
pleuvoir*	llover
plonger	sumergir, zambullirse, bucear
pluie *(f)*	lluvia
plus	más
plus de	más de
plus ou moins	más o menos
plus tard	más tarde
plus tôt	antes
plutôt	más bien
pneu *(m)*	neumático
poche *(f)*	bolsillo
poêle *(f)*	sartén
poêle *(m)*	estufa (de combustible natural)
poids *(m)*	peso
poil *(m)*	pelo
poire *(f)*	pera
poisson *(m)*	pez, pescado
poitrine *(f)*	pecho
poivre *(m)*	pimienta
police *(f)*	policía
pomme *(f)*	manzana
pomme de terre *(f)*	patata
pont *(m)*	puente
porc *(m)*	cerdo
port *(m)*	puerto
porte *(f)*	puerta
portefeuille *(m)*	cartera
porter	llevar
poser	poner (colocar)
posséder	poseer
possibilité	posibilidad
possible	posible
poste *(f)*	correos
poste *(m)*	puesto, empleo
potable	potable
pot-au-feu *(m)*	cocido, puchero
poudre *(f)*	pólvora
poulet	pollo
pour	para, por
pourboire *(m)*	propina
pour-cent *(m)*	por ciento
pourquoi ?	¿por qué?
pourri	podrido
pourtant	con todo
pousser	empujar

poussière (*f*)	polvo
pouvoir*	poder
pratique	práctico
préférer	preferir
prendre*	agarrar, coger, tomar
prénom (*m*)	nombre (de pila)
préparation	preparación
préparer	preparar
près de	próximo, cerca de, casi
présent	presente
présenter	presentar
presque	casi
pressé (**être ~**)	tener prisa
prêt (*m*)	préstamo
prêt (**être ~**)	estar listo/ dispuesto
prêter	prestar
preuve (*f*)	prueba
prévenir*	prevenir, avisar
principe (**en ~**)	en principio
printemps (*m*)	primavera
prise (*f*)	toma, enchufe
prison (*f*)	prisión
privé	privado
prix (*m*)	precio
prochain,e	próximo,a
prochainement	próximamente
proche	cercano,a, próximo,a
procurer	proporcionar
produit (*m*)	producto
professeur (*m*)	profesor
profond	profundo
progrès (*m*)	progreso
promener (**se ~**)	pasear(se)
promettre*	prometer
prononcer	pronunciar
prononciation (*f*)	pronunciación
proposer	proponer
propre	limpio, propio
propriétaire (*m*)	propietario
prospectus (*m*)	prospecto
protection (*f*)	protección
protester	protestar
prouver	atestiguar
provisoirement	provisional-mente
prudent	prudente
public	público
publicité (*f*)	publicidad, anuncio
puer	apestar
puisque	puesto que, ya que
puits (*m*)	pozo
pur	puro

Q

quai (*m*)	muelle / anden
qualité (*f*)	calidad
quand	cuando
quantité (*f*)	cantidad
quart (*m*)	cuarto (¼)
quartier (*m*)	barrio
que	que, qué
quelque chose	alguna cosa, algo
quelques (*pl*)	algunos,as
quelqu'un	alguien
question (*f*)	pregunta
qui	quien
quitter	dejar
quoi	que
quotidien	cotidiano

R

rabais (*m*)	rebaja
raccourci (*m*)	reducción, atajo
raconter	contar

radio (*f*)	radio
raisin (*m*)	uva(s)
raison (*f*)	razón, motivo
raison (avoir* ~)	tener razón
raisonnable	racional, razonable
randonnée (*f*)	caminata
rapide	rápido, pronto
rappeler (se ~)	recordar
rappeler	volver a llamar
rare	raro, escaso
rasoir (*m*)	máquina de afeitar
ravissant	encantador
réaliser	realizar
réalité (*f*)	realidad
récemment	hace poco tiempo
recevoir*	recibir
recommander	recomendar, encomendar
reconnaissant	agradecido
reconnaître*	conocer, reconocer
réduction (*f*)	descuento
réel	real
refuser	negar, rehusar
regard (*m*)	mirada
regarder	mirar
région (*f*)	región
régler	reglar, pautar, pagar
regret (*m*)	pesar
regretter	lamentar, sentir
reine (*f*)	reina
remarquer	notar
rembourser	reembolsar
remercier	agradecer
remorquer	remolcar
remplacer	sustituir
remplir	llenar
rencontrer	encontrar
rencontrer (se ~)	encontrarse
rendez-vous (*m*)	cita
rendre	devolver
rendre possible	hacer posible
rendre visite	visitar
renseignement (*m*)	información
renseigner (se ~)	informarse
renverser	derribar, atropellar, invertir
répartir	repartir, distribuir
repas (*m*)	comida
repentir (*m*)	arrepentimiento
répéter	repetir
répondre	contestar
répondre à	responder a
réponse (*f*)	respuesta
repos (*m*)	reposo, descanso
reposer (se ~)	descansar
réserve	reserva
réserver	reservar
résoudre*	resolver
respecter	respetar
respirer	respirar
responsable (être ~)	tener la culpa
ressembler à	parecerse a
restant	restante
reste (*m*)	resto
rester	permanecer, quedarse
résultat (*m*)	resultado
retard (en ~)	retrasado
retour (*m*)	vuelta, retorno
rêve (*m*)	sueño
réveillé	despierto
réveiller	despertar
réveiller (se ~)	despertarse
revenir*	volver, regresar

revoir*	ver de nuevo, revisar
revoir* (se~)	verse
revue (*f*)	revista
rez-de-chaussée (*m*)	planta baja
rhume (*m*)	resfriado, catarro
riche	rico
rien	nada
rire*	reír
rivière (*f*)	río
riz (*m*)	arroz
robe (*f*)	vestido
robinet (*m*)	grifo
rocher (*m*)	peñasco, peñon
roi (*m*)	rey
rond	redondo
roue (*f*)	rueda
rouge	rojo
rue (*f*)	calle
ruelle (*f*)	callejuela

S

sable (*m*)	arena
sac (*m*)	bolso, bolsa
sac à dos (*m*)	mochila
sac de couchage	saco de dormir
saigner	sangrar
saisir	agarrar, asir, coger, comprender
saison (*f*)	estación
salade (*f*)	ensalada
sale	sucio
salé	salado
saleté (*f*)	suciedad
salle (*f*)	sala
salon de thé (*m*)	salón de té
saluer	saludar
sang (*m*)	sangre
sans	sin
sans doute	sin duda
santé (*f*)	salud
satisfait	satisfecho
sauter	saltar
sauvage	salvaje
sauver	salvar
savoir *	saber
savon (*m*)	jabón
sec	seco
sécher	secar
seconde (*f*)	segundo
secret	secreto
sécurité (*f*)	seguridad
séjour (*m*)	estancia
sel	sal
semaine (*f*)	semana
semblable	semejante
sembler	parecer
sens (*m*)	sentido
sentier (*m*)	sendero
sentiment (*m*)	sentimiento
sentir*	oler
séparer	separar
sérieux	serio
serrure (*f*)	cerradura
service (*m*)	servicio
serviette (*f*)	toalla
servir*	servir
seul	solo
seulement	sólo, solamente
sévère	severo
si	si, tan
si !	¡si!
siècle (*m*)	siglo
signature (*f*)	firma
signe (*m*)	signo
signer	firmar
signifier	significar, notificar
s'il vous plaît	por favor
silence (*m*)	silencio

sirop	jarabe
sœur (*f*)	hermana
soif (*f*)	sed
soif (**avoir***)	tener sed
soigneusement	cuidadosamente
soin (*m*)	cuidado
soir (*m*)	tarde, noche
sol (*m*)	suelo
soldes (*m pl*)	rebajas
soleil (*m*)	sol
sombre	oscuro
somme (*f*)	suma
sommeil (*m*)	sueño
sommet (*m*)	cumbre, cima
son (*m*)	sonido
sonner	sonar
sonnette (*f*)	cascabel, campanilla, timbre
sorte (*f*)	clase, tipo
sortie (*f*)	salida
sortir*	salir
souci (*m*)	preocupación
soudain	súbitamente, de repente
soupçonner	sospechar
soupe (*f*)	sopa
sourd	sordo
sous	bajo
sous réserve	a reserva de
souvenir (*m*)	recuerdo
souvenir* (**se ~ de**)	acordarse de
souvent	a menudo
spécial	especial
sport (*m*)	deporte
station-service (*f*)	estación de servicio
stupide	estúpido
succès (*m*)	éxito
sucre (*m*)	azúcar
sucré	azucarado
sud (*m*)	sur
suffire*	ser suficiente
suivre*	seguir
superflu	superfluo
supporter	sostener
supposer	suponer
sur	en, sobre, encima de
sûr	seguro
sûrement	seguramente
surpris	sorprendido
surtout	sobre todo

T

tabac (*m*)	tabaco, estanco
table (*f*)	mesa
tache (*f*)	mancha
tâcher de	procurar
taille (*f*)	corte, estatura
taire* (**se ~**)	callarse
tante (*f*)	tía
tard	tarde
tasse (*f*)	taza
tel	tal
téléphone (*m*)	teléfono
téléphoner	telefonear
témoin (*m*)	testigo
tempête (*f*)	tempestad, tormenta
temps (*m*)	tiempo
temps (**à ~**)	a tiempo
temps (**en même ~**)	a la vez, al mismo tiempo
tendre	blando, tierno
tenir*	tener, retener, ocupar...
tenir debout (**se ~**)	tenerse en pie
tente (*f*)	tienda de campaña

terminer	terminar
terminer (se ~)	teminarse
terminus (*m*)	final de la línea del metro, etc.
terre (*f*)	tierra
tête (*f*)	cabeza
thé (*m*)	té
tiers (*m*)	tercero, tercio, tercera parte
timbre (*m*)	sello
tirer	tirar, disparar, estirar
tissu	tela, tejido
toit (*m*)	tejado, techo
tomber	caer
tôt	pronto
toucher	tocar
toujours	siempre
tour (*m*)	torno, vuelta
tour (*f*)	torre
tournant	curva
tourner	girar
tous	todos
tous les deux	los dos
tout	todo
tout de suite	en seguida
tout droit	recto, seguido
tort (avoir*)	equivocarse
toxique	tóxico
trace (*f*)	rastro, huella
traduire*	traducir
train (*m*)	tren
traitement (*m*)	tratamiento
traiter	tratar
tranquille	tranquilo,a
tranquillité	tranquilidad
transpirer	sudar
travail (*m*)	trabajo
travailler	trabajar
travailleur,-euse	trabajador,a
travers (à ~)	a través
traversée (*f*)	travesía
très	muy
triste	triste
tromper	engañar
tromper (se ~)	equivocarse
trop	demasiado
trou (*m*)	agujero, orificio, hoyo
trouver	encontrar
trouver (se ~)	encontrarse

U

unique	único
université (*f*)	universidad
urgent	urgente
usage (*m*)	uso, empleo, costumbre
usine (*f*)	fábrica
utile	útil
utiliser	emplear, utilizar

V

vacances (*f pl*)	vacaciones
vague (*f*)	ola
vain (en ~)	en vano
valable	valedero, válido
valeur (*f*)	valor
valise (*f*)	maleta
vallée (*f*)	valle
vendre*	vender
venir*	venir, llegar
vent (*m*)	viento
vente (*f*)	venta
ventre	barriga, tripa, vientre
verglas (*m*)	hielo en el pavimento
vérifier	verificar
vérité (*f*)	verdad

verre *(m)*	cristal
vers	hacia
vert	verde
vêtement	traje, ropa
viande *(f)*	carne
vide	vacío
vie *(f)*	vida
vieille	vieja
vieux	viejo
village *(m)*	pueblo
ville *(f)*	ciudad
virage *(m)*	curva
vis *(f)*	tornillo
visage *(m)*	cara, rostro
visible	visible
visite *(f)*	visita
visiter	visitar
vite	pronto, deprisa
vitesse *(f)*	velocidad
vitre *(f)*	cristal (de ventana)
vitrine *(f)*	escaparate
vivant	vivo
vivre*	vivir
voie *(f)*	vía
voile *(f)*	vela
voir*	ver
voisin *(m)*	vecino
voiture *(f)*	coche
voix *(f)*	voz
vol *(m)*	robo, vuelo
voler	volar, robar
voleur *(m)*	ladrón
volontiers	con gusto, de buena gana
voter	votar
vouloir*	querer
vouloir dire	querer decir, significar
voyage *(m)*	viaje
voyager	viajar
vrai	verdadero, cierto
vue *(f)*	vista

Z

zéro	cero

A

a	**à, en**
abajo	**en bas**
abeja	**abeille** (*f*)
abierto	**ouvert**
abogado	**avocat** (*m*)
abrazar	**embrasser**
abreviación	**abréviation** (*f*)
abrigo	**manteau** (*m*)
abrir	**ouvrir***
absolutamente	**absolument**
absoluto (en ~)	**absolument**
abuela	**grand-mère** (*f*)
abuelo	**grand-père** (*m*)
aburrido	**ennuyeux**
abuso	**abus** (*m*)
acabar	**achever**
acceso	**accès** (*m*)
accidente	**accident** (*m*)
aceite	**huile** (*f*)
acelerar	**accélérer**
aceptar	**accepter**
ácido	**acide**
acompañar	**accompagner**
acordarse de	**se souvenir* de**
acostumbrarse	**s'habituer**
actividad	**activité** (*f*)
actuar	**agir**
acuerdo (¡de ~!)	**D'accord !**
¡adelante!	**Entrez !**
además	**en outre**
adición	**addition** (*f*)
administración	**administration** (*f*)
admirar	**admirer**
aduana	**douane** (*f*)
aeropuerto	**aéroport** (*m*)
afueras	**banlieue** (*f*), **environs** (*m pl*)
agarrar	**saisir / prendre***
agencia	**agence** (*f*)
agotado	**épuisé**
agradable	**agréable**
agradecer	**remercier**
agradecido	**reconnaissant**
agua	**eau** (*f*)
aguja	**aiguille** (*f*)
agujero	**trou** (*m*)
ahora	**maintenant**
ahorrar	**épargner**
aire	**air** (*m*)
ajo	**ail** (*m*)
alargar	**allonger**
albergue	**auberge** (*f*)
alcanzar	**atteindre***
alegre	**gai, jovial**
alegría	**joie** (*f*)
alejado	**éloigné**
alfiler	**épingle** (*f*)
algo	**quelque chose**
algodón	**coton** (*m*)
alguién	**quelqu'un**
alguna cosa	**quelque chose**
algunos	**quelques** (*pl*), **certains** (*pl*)
algunas veces	**parfois**
alimento	**nourriture** (*f*), **aliment** (*m*)
allá lejos	**là-bas**
allí	**là, là-bas**
almacén	**magasin** (*m*)
almohada	**oreiller** (*m*)
alojamiento	**logement** (*m*)
alquilar	**louer**

alquiler	**loyer** (*m*), **location** (*f*)
alrededor de	**autour de**
alrededores	**environs** (*m pl*)
alternativa	**choix** (*m*)
altitud	**altitude** (*f*)
alto	**haut, grand**
alto (en ~)	**en haut**
alumbrar	**éclairer**
alumno,a	**élève** (*m + f*)
amable	**aimable**
amar	**aimer**
amargo	**amer**
amarillo	**jaune**
amigo,a	**ami, e**
amor	**amour** (*m*)
ampolla	**ampoule** (*f*)
ancho	**large**
andén	**quai** (*m*)
anillo	**bague** (*f*)
animal	**animal** (*m*), **bête** (*f*)
año	**an** (*m*), **année** (*f*)
antes	**avant**
antes de ayer	**avant-hier**
antes de que	**avant que**
anual	**annuel**
anuncio	**annonce** (*f*), **publicité** (*f*)
apagar	**éteindre***
aparato	**appareil** (*m*)
aparcar	**garer (se ~)**
aparecer	**apparaître***
aparentemente	**apparemment**
apartamento	**appartement** (*m*)
apellido	**nom** (*m*)
apenas	**à peine**
apestar	**puer**
aportar	**apporter**
aprender	**apprendre**
apretado	**serré**
aprobar	**approuver**
aproximarse	**s'approcher**
aquí	**ici**
árbol	**arbre** (*m*)
arena	**sable** (*m*)
Argentina	**Argentine**
argentino	**argentin**
armario	**armoire** (*f*)
arrepentimiento	**repentir** (*m*)
arrepentirse	**se repentir de**
arriendo	**affermage, bail**
arroz	**riz** (*m*)
arte	**art** (*m*)
artículo	**article** (*m*)
artista	**artiste** (*m + f*)
ascensor	**ascenseur** (*m*)
asegurar	**assurer**
asignatura	**matière** (*f*)
asir	**saisir**
así	**comme ça**
asueto	**congé** (*m*)
atajo	**raccourci** (*m*)
¡atención!	**Attention !** (*f*)
atento	**attentif, gentil**
atestación	**attestation** (*f*)
atestar	**attester**
atestiguar	**prouver, attester**
atrapar	**attraper**
atravesado	**en travers**
atreverse	**oser**
atropellar	**renverser**
aumentar	**augmenter**
aún	**encore**
aún no	**pas encore**
aunque	**bien que**
ausente	**absent**
auténtico	**authentique**
autobús	**(auto)bus** (*m*)
autocar	**(auto)car** (*m*)
automático	**automatique**

autorizado para	**autorisé (à)**
avaro	**avare**
avería	**panne**
avión	**avion** *(m)*
avisar	**avertir, prévenir***
ayer	**hier**
ayudar	**aider**
azucarado	**sucré**
azúcar	**sucre** *(m)*
azul	**bleu**

B

bahía	**baie** *(f)*
bailar	**danser**
baile	**bal** *(m)*, **danse** *(f)*
bajar	**descendre**
bajo	**bas, sous**
balanza	**balance** *(f)*
balón	**ballon** *(m)*
bañador	**maillot de bain** *(m)*
bañarse	**se baigner**
banco	**banc** *(m)*, **banque** *(f)*
baño	**bain** *(m)*
bar	**bar** *(m)*, **bistrot** *(m)*
barco	**bateau** *(m)*
barriga	**ventre**
barrio	**quartier** *(m)*
barro	**boue** *(f)*
bastante	**assez**
bastón	**bâton** *(m)*
basura	**ordures** *(f pl)*
batir	**battre***
beber	**boire***
bebé	**bébé** *(m)*
bebida	**boisson** *(f)*
belga	**belge**
Bélgica	**Belgique** *(f)*
belleza	**beauté** *(f)*
bello	**beau**
besar	**embrasser**
beso	**baiser** *(m)*
bestia	**bête** *(f)*
bicicleta	**bicyclette** *(f)*
bien	**bon, bien**
bienvenido	**bienvenu**
bigote	**moustache** *(f)*
billete	**billet** *(m)*
blanco	**blanc**
blando	**tendre, mou**
boca	**bouche** *(f)*
bolsillo	**poche** *(f)*
bolso	**sac** *(m)*
bonito	**beau, joli**
borde	**bord** *(m)*
bosque	**forêt** *(f)*
botella	**bouteille** *(f)*
botón	**bouton** *(m)*
brazo	**bras** *(m)*
brillar	**briller**
broncear	**bronzer**
bueno	**bon**
buey	**bœuf** *(m)*
buscar	**chercher**
buzón	**boîte aux lettres** *(f)*

C

caballo	**cheval** *(m)*
cabaña	**cabane** *(f)*
cabello	**cheveux** *(m pl)*
cabeza	**tête** *(f)*
cacerola	**casserole** *(f)*
cada	**chaque**
cada uno	**chacun**
cada vez	**chaque fois**
caducado	**périmé**
caer	**tomber**
café	**café** *(m)*

caja	**boîte** (*f*), **caisse** (*f*)
calcetín	**chaussette** (*f*)
calcular	**calculer**
calefacción	**chauffage** (*m*)
calendario	**calendrier** (*m*)
calentar	**chauffer**
calidad	**qualité** (*f*)
caliente	**chaud**
callarse	**se taire***
calle	**rue** (*f*)
callejuela	**ruelle** (*f*)
calor	**chaleur** (*f*)
cama	**lit** (*m*)
cámara	**caméra** (*f*), **chambre** (*f*)
cambiar	**changer**
cambio	**change** (*m*), **changement** (*m*)
caminar	**marcher**
caminata	**randonnée** (*f*)
camino	**chemin** (*m*)
camión	**camion** (*m*)
camisa	**chemise** (*f*)
campesino	**paysan** (*m*)
camping	**camping** (*m*)
campo	**champ** (*m*)
canción	**chanson** (*f*)
cansado	**fatigué**
cansar	**fatiguer**
cantar	**chanter**
cantidad	**quantité** (*f*)
capaz	**capable**
capital	**capitale** (*f*)
cara	**visage** (*m*), **figure** (*f*)
caracol	**escargot** (*m*)
cargar	**charger**
carne	**viande** (*f*)
carnet de identidad	**carte d'identité** (*f*)
caro	**cher**
carta	**lettre** (*f*), **carte** (*f*)
carta geográfica	**carte géographique** (*f*)
cartera	**sac** (*m*), **portefeuille** (*m*)
cartero	**facteur** (*m*)
casa	**maison** (*f*)
casarse	**marier (se ~)**
cascabel	**sonnette** (*f*), **grelot** (*m*)
casi	**presque**
caso de urgencia	**cas d'urgence** (*m*)
castaño	**marron**
castigo	**punition** (*f*)
castillo	**château** (*m*)
casualidad (por ~)	**par hasard**
catarro	**rhume** (*m*)
catedral	**cathédrale** (*f*)
causa	**cause** (*f*)
causa (a ~ de)	**à cause de**
causar	**causer**
caverna	**caverne** (*f*)
cazuela	**casserole** (*f*)
célebre	**célèbre**
cementerio	**cimetière** (*m*)
cena	**dîner** (*m*)
cenar	**dîner**
centro	**centre** (*m*) / **milieu** (*m*)
cepillo	**brosse** (*f*)
cerca de	**environ, près de**
cerdo	**porc** (*m*)
cerebro	**cerveau** (*m*)
cerilla	**allumette** (*f*)
cero	**zéro**
cerrado	**fermé**
cerradura	**serrure** (*f*)
cerrar	**fermer**
cerrar con llave	**fermer à clé**
cerveza	**bière** (*f*)

champiñón	**champignon** *(m)*
cheque	**chèque** *(m)*
chica	**fille** *(f)*
chico	**garçon** *(m)*
chiste	**blague** *(f)*, **plaisanterie** *(f)*
ciego	**aveugle**
cielo	**ciel** *(m)*
cierto	**certain, vrai, sûr**
cifra	**chiffre** *(m)*
cima	**sommet** *(m)*
cine	**cinéma** *(m)*
circulación	**circulation** *(f)*
circunstancia	**circonstance** *(f)*
cita	**rendez-vous** *(m)*
ciudad	**ville** *(f)*
claro	**clair**
clase	**classe** *(f)*, **sorte** *(f)*
clavo	**clou** *(m)*
club de noche	**boîte de nuit** *(f)*
cobertura	**couverture** *(f)*
coche	**voiture** *(f)*
cocido	**cuit, pot-au-feu** *(m)*
cocina	**cuisine** *(f)*
coger	**saisir, prendre***
coleccionar	**collectionner**
colegio	**école** *(f)*
cólera	**colère** *(f)*
colina	**colline** *(f)*
colocar	**mettre*, poser**
color	**couleur** *(f)*
comenzar	**commencer**
comer	**manger**
comestible	**comestible**
comidas	**repas** *(m)*, **nourriture** *(f)*
como	**comme**
¿cómo?	**comment ?**
como si	**comme si**
comparación	**comparaison** *(f)*
comparar	**comparer**
completamente	**complètement**
completo	**entier**
compra	**achat** *(m)*
comprar	**acheter**
comprender	**comprendre* saisir**
con	**avec**
concerniente	**concernant**
concurso	**concours** *(m)*
condición	**condition** *(f)*
conducir	**conduire**
conducta	**conduite** *(f)*
confirmar	**confirmer**
confortable	**confortable**
confundir	**confondre**
conocer	**connaître***
conocer a	**faire* la connaissance de**
conocido	**connu**
consciente	**conscient**
consejo	**conseil** *(m)*
consentir	**consentir***
considerable	**considérable**
considerar	**considérer**
consigna	**consigne** *(f)*
construir	**construire***
consumir	**consommer**
contar	**compter, raconter**
contenido	**contenu** *(m)*
contento	**content**
contestar	**répondre**
continuar	**continuer**
contra	**contre**
contrario	**contraire** *(m)*
contrato	**contrat** *(m)*
contribución	**contribution**
controlador	**contrôleur** *(m)*
convencer	**convaincre***

convenir	**convenir* de**
conversación	**conversation**
convertirse	**se convertir**
corazón	**cœur** (*m*)
correa	**courroie** (*f*), **ceinture** (*f*), **bracelet** (*m*)
correo	**courrier** (*m*)
correos	**poste** (*f*)
correr	**courir* / couler**
correspondencia	**correspon-dance** (*f*)
corriente	**courant** (*m*)
cortar	**couper**
corte	**taille** (*f*)
corto	**court**
cosa	**chose** (*f*)
coser	**coudre***
costar	**coûter**
costilla	**côte** (*f*)
costoso	**coûteux**
costumbre	**coutume** (*f*), **habitude** (*f*)
cotidiano	**quotidien**
creer	**croire**
crepúsculo	**crépuscule** (*m*)
crimen	**crime** (*m*)
cristal	**verre** (*m*), **vitre** (*f*), **cristal** (*m*)
cristiano	**chrétien** (*m*)
crudo	**cru**
cuaderno	**cahier** (*m*)
cuadrado	**carré**
cuando	**quand**
¿cuánto?	**combien ?**
cuarto (¼)	**quart** (*m*)
Cuba	**Cuba**
cubano	**cubain**
cubierta	**couverture** (*f*)
cuchara	**cuillère** (*f*)
cuchillo	**couteau** (*m*)
cuello	**cou** (*m*)
cuerda	**corde**
cuero	**cuir** (*m*)
cuerpo	**corps**
cuesta	**côte** (*f*), **pente** (*f*)
cuidado	**soin** (*m*)
cuñada	**belle-sœur** (*f*)
cuñado	**beau-frère** (*m*)
curioso	**curieux**
curva	**tournant** (*m*), **virage** (*m*)

D

daño	**dommage** (*m*), **tort** (*m*), **mal** (*m*)
dar	**donner**
darse cuenta	**constater, s'apercevoir de**
darse prisa	**se dépêcher**
de	**de**
debajo de	**au-dessous de**
deber	**devoir* / devoir** (*m*)
debilidad	**faiblesse** (*f*)
débil	**faible**
decepcionado	**déçu**
decidir	**décider**
decir	**dire***
decisión	**décision** (*f*)
declarar	**déclarer**
dedo	**doigt** (*m*)
defecto	**défaut** (*m*)
dejar	**laisser, quitter**
delante	**devant**
deletrear	**épeler**
delgado	**mince**
demanda	**demande** (*f*)
demasiado	**trop (de)**
dentista	**dentiste** (*m + f*)

dentro	**dans, dedans**
deporte	**sport** (*m*)
derecha (a la ~)	**droite** (**à ~**)
derecho	**droit / droit** (*m*)
derechos	**droits** (*m pl*)
derramar	**couler**
derribado	**renversé**
derribar	**renverser**
desagradable	**désagréable**
desaparecer	**disparaître***
desarrollar	**développer**
desarrollo	**développement** (*m*)
desayunar	**prendre le petit déjeuner**
desayuno	**petit déjeuner** (*m*)
descansar	**se reposer**
descanso	**repos** (*m*)
descargar	**décharger**
descender	**descendre**
desconfianza	**méfiance** (*f*)
desconocido	**inconnu**
descubrir	**découvrir***
descuento	**réduction** (*f*)
descuidar	**négliger**
desde hace	**depuis**
desear	**désirer**
deseo	**désir** (*m*)
desgracia	**malheur** (*m*)
desgraciadamente	**malheureusement**
desnudo	**nu**
desorden	**désordre** (*m*)
despacio	**doucement, lentement**
despertar	**réveiller**
despertarse	**se réveiller**
despierto	**réveillé**
después	**après, ensuite**
destruir	**détruire***
desvestirse	**se déshabiller**
desviación	**déviation** (*f*)
detalle	**détail** (*m*)
detrás	**derrière**
devolver	**rendre**
día	**jour** (*m*), **journée** (*f*)
día de fiesta	**jour de fête** (*m*)
día festivo	**jour férié**
dibujar	**dessiner**
diente	**dent** (*f*)
diferencia	**différence** (*f*)
diferente	**différent**
difícil	**difficile**
dificultad	**difficulté** (*f*)
dinero	**argent** (*m*)
dinero suelto	**monnaie** (*f*)
dirección	**adresse** (*f*), **direction** (*f*)
directo	**direct**
dirigirse a	**diriger** (**se ~**)
disco	**disque** (*m*)
disculpar	**excuser**
discusión	**discussion**
disparar	**tirer**
disputa	**dispute** (*f*)
distinguir	**distinguer**
distinto	**différent**
distribuidor automático	**distributeur automatique** (*m*)
distribuir	**distribuer**
divertirse	**s'amuser**
dividir	**diviser, partager**
doble	**double**
docena	**douzaine** (*f*)
dolor	**douleur** (*f*)
dónde	**où**
dónde (de ~)	**d'où**
dormir	**dormir***
dormirse	**s'endormir**
ducha	**douche** (*f*)

duda	**doute** (*m*)
dudar	**douter**
dulce	**doux**
duración	**durée** (*f*)
durante	**pendant**
durar	**durer**
duro	**dur**

E

edad	**âge** (*m*)
edificio	**bâtiment** (*m*)
educación	**éducation** (*f*)
efecto	**effet** (*m*)
eficaz	**efficace**
ejemplo	**exemple** (*m*)
ejercer	**exercer**
ejercitarse	**s'exercer**
elección	**élection** (*f*), **choix** (*m*)
elegir	**choisir, élire**
embajador	**ambassadeur** (*m*)
emisión	**émission** (*f*)
empleado	**employé**
emplear	**employer, utiliser**
empleo	**usage** (*m*), **emploi**
empresa	**entreprise** (*f*)
empujar	**pousser**
en	**dans, en, à, sur**
encantador	**ravissant, enchanteur**
encargo	**commande** (*f*)
encender	**allumer**
encima	**dessus, par-dessus**
encima (por ~ de)	**au-dessus de**
encinta	**enceinte**
encomendar	**recommander**
encontrar	**trouver, rencontrer**
encontrarse	**se trouver, se rencontrer**
encrucijada	**carrefour** (*m*)
enchufe	**prise** (*f*)
enfadarse	**se fâcher**
enfermedad	**maladie** (*f*)
enfermo	**malade**
enfín	**enfin**
enfrente	**en face**
engañar	**tromper**
enhorabuena	**félicitations** (*f pl*)
ensalada	**salade** (*f*)
ensayar	**essayer**
enseñar	**apprendre, enseigner**
entender	**comprendre***
enteramente	**entièrement**
entero	**entier**
entonces	**alors**
entrada	**entrée** (*f*)
entrar	**entrer**
entre	**entre, parmi**
entregar	**donner, livrer**
enviar	**envoyer**
envoltura	**enveloppe** (*f*)
envolver	**envelopper**
época (en esa ~)	**à cette époque**
equipaje	**bagages** (*m pl*)
equivocación	**malentendu** (*m*)
equivocarse	**se tromper, avoir tort**
error	**erreur** (*f*), **faute** (*f*)
escalera	**escalier** (*m*)
escaparate	**vitrine** (*f*)
escribir	**écrire***
escritura	**écriture** (*f*)
escuchar	**écouter**
esfuerzo	**effort** (*m*)

esmeradamente	**soigneusement**
espacio	**espace** (*m*)
espalda	**dos** (*m*)
España	**Espagne**
español	**espagnol**
especial	**spécial**
espejo	**miroir** (*m*)
esperar	**attendre, espérer**
espeso	**épais**
espíritu	**esprit** (*m*)
esposa	**femme, épouse**
esposo	**mari, époux**
esquina	**coin** (*m*)
estación	**gare** (*f*), **saison** (*f*)
estación de servicio	**station-service** (*f*)
Estado	**État** (*m*)
estancia	**séjour** (*m*)
estanque	**étang** (*m*)
estar	**être***
estar sentado	**être* assis**
estar tumbado	**être* couché**
estatura	**taille** (*f*)
Este	**est** (*m*)
estimar	**estimer**
estirar	**étirer**
esto	**ça**
estómago	**estomac** (*m*)
estrecho	**étroit**
estrella	**étoile** (*f*)
estropear	**abîmer**
estudiante	**étudiant/e**
estufa	**poêle** (*m*), **chauffage (d'appoint)** (*m*)
estúpido	**stupide**
evento	**événement** (*m*)
evidentemente	**évidemment**
evitar	**éviter**
exactamente	**exactement**
exacto	**exact**
exagerado	**exagéré**
examinar	**examiner**
excelente	**excellent**
excepción	**exception** (*f*)
excursión	**excursion** (*f*)
excusar	**excuser**
exigir	**exiger**
éxito	**succès** (*m*)
experiencia	**expérience** (*f*)
explicar	**expliquer**
exposición	**exposition** (*f*)
expresamente	**expressément**
expresión	**expression** (*f*)
extensión	**étendue** (*f*)
exterior (en el ~)	**dehors, à l'extérieur**
externo	**externe**
extintor	**extincteur** (*m*)
extranjero	**étranger** (*m*)
extranjero,a	**étranger,-ère**
extraño	**étrange**
extraordinario	**extraordinaire**

F

fábrica	**usine** (*f*)
fácil	**facile**
falda	**jupe** (*f*)
falso	**faux**
falta	**défaut** (*m*), **manque** (*m*), **faute** (*f*)
faltar	**manquer**
familia	**famille** (*f*)
farmacia	**pharmacie** (*f*)
fatigado	**fatigué**
fecha	**date** (*f*)
felíz	**heureux**
femenino	**féminin**
feo	**laid**

ficha	**fiche** *(f)*
fiebre	**fièvre** *(f)*
fijar	**fixer**
fijarse	**regarder, remarquer**
filete	**filet** *(m)*, **bifteck** *(m)*
fin	**fin** *(f)*
finalmente	**finalement**
fino	**fin**
firma	**signature** *(f)*
firmar	**signer**
flaco	**maigre**
flamenco	**flamenco**
flor	**fleur** *(f)*
florecer	**fleurir**
forzar	**forcer**
foto	**photo** *(f)*
frágil	**fragile**
francés	**français**
Francia	**France** *(f)*
frase	**phrase** *(f)*
fresco	**frais**
frio	**froid**
frontera	**frontière** *(f)*
fruta(s)	**fruits** *(m pl)*
fruto	**fruit** *(m)*
fuego	**feu** *(m)*
fuera	**dehors, à l'extérieur**
fuerte	**fort**
fuerza	**force** *(f)*
fumar	**fumer**
funcionamiento	**fonctionnement**
funcionar	**fonctionner**
furioso	**furieux**
futuro	**futur** *(m)*, **avenir** *(m)*

G

gafas	**lunettes** *(f pl)*
gallo	**coq** *(m)*
ganar	**gagner**
garganta	**gorge** *(f)*
gasolina	**essence** *(f)*
gastar	**consommer, dépenser**
gastos	**dépenses** *(f pl)*, **frais** *(m pl)*
gato	**chat** *(m)*
general	**général**
gente	**gens** *(m pl)*
gestión	**administration** *(f)*, **gestion** *(f)*
girar	**tourner**
gobierno	**gouvernement** *(m)*
golpe	**coup** *(m)*
golpear	**battre*, frapper**
gordo	**gros**
gota	**goutte** *(f)*
gracias	**merci**
gracias a	**grâce à**
grande	**grand**
grasiento	**gras**
gratuito	**gratuit**
grave	**grave**
grifo	**robinet** *(m)*
gris	**gris**
gritar	**crier**
grupo	**groupe** *(m)*
gruta	**grotte**
guardar	**garder**
guerra	**guerre** *(f)*
guía	**guide** *(m)*
guía de teléfono	**annuaire** *(m)*
guiar	**guider**
gustar	**aimer, plaire***
gusto	**goût** *(m)*, **plaisir** *(m)*

gusto (con ~)	**volontiers**
gustoso	**savoureux, plaisant**

H

habitación	**habitation**
habitante	**habitant** (*m*)
habitar	**habiter**
hábito	**habitude** (*f*)
habitual	**habituel**
habitualmente	**habituelle-ment**
hablar	**parler**
hacer	**faire***
hacer la comida	**faire* la cuisine**
hacer posible	**rendre possible**
hacer una carrera	**faire* des études**
hacer ver	**montrer**
hacia	**vers**
hacia atrás	**en arrière**
hambre	**faim** (*f*)
hasta	**jusqu'à**
hasta aquí	**jusqu'ici**
hecho	**cuit, fait** (*m*)
helado	**glace** (*f*)
herida	**blessure** (*f*)
hermana	**sœur** (*f*)
hermano	**frère** (*m*)
herramienta	**outil** (*m*)
hielo	**glace** (*f*), **verglas** (*m*)
hígado	**foie** (*m*)
hija	**fille** (*f*)
hijo	**fils** (*m*)
hilo	**fil** (*m*)
historia	**histoire** (*f*)
hoja	**feuille** (*f*)
hombre	**homme** (*m*)
hombro	**épaule** (*f*)
hora	**heure** (*f*)
horroroso	**affreux**
hospital	**hôpital** (*m*)
hotel	**hôtel** (*m*)
hoy	**aujourd'hui**
huella	**trace** (*f*), **empreinte** (*f*)
hueso	**os** (*m*)
huésped	**hôte** (*m*)
huevo	**œuf** (*m*)
húmedo	**humide**
humo	**fumée** (*f*)

I

idea	**idée** (*f*)
iglesia	**église** (*f*)
igual	**égal, pareil, même**
iluminado	**illuminé**
impedir	**empêcher**
importante	**important**
imposible	**impossible**
impreciso	**imprécis**
impresión	**impression** (*f*)
imprudente	**imprudent**
incendio	**incendie** (*m*)
increíble	**incroyable**
indecente	**indécent**
indicar	**montrer**
indispensable	**indispensable**
inesperado	**inattendu**
inevitable	**inévitable**
inflamable	**inflammable**
información	**renseignement** (*m*), **information** (*f*)
informarse	**se renseigner**
informe	**compte-rendu** (*m*), **information** (*f*)
inicio	**début** (*m*)

injusto	**injuste**
inmueble	**immeuble**
inocente	**innocent**
inquietarse	**s'inquiéter**
inquieto	**inquiet**
insistir en	**insister sur**
insolente	**insolent**
insoportable	**insupportable**
instalar	**installer**
insuficiente	**insuffisant**
inteligente	**intelligent**
intención	**intention** (*f*)
intento	**essai** (*m*)
intercambiar	**échanger**
intercambio	**échange** (*m*)
interesante	**intéressant**
interior (en el ~)	**à l'intérieur**
intérprete	**interprète** (*m* + *f*)
interrumpir	**interrompre**
inútil	**inutile**
inventar	**inventer**
invierno	**hiver** (*m*)
invitación	**invitation** (*f*)
invitar	**inviter**
ir	**aller***
ir a buscar	**aller* chercher**
ir de compras	**faire* des courses**
irse	**partir***
isla	**île** (*f*)
itinerario	**itinéraire** (*m*)
izquierda (a la ~)	**à gauche**

J

jabón	**savon** (*m*)
jamás	**jamais**
jamón	**jambon** (*m*)
jarabe	**sirop** (*m*)
jardín	**jardin** (*m*)
joven	**jeune**
joya	**bijou** (*m*)
juego	**jeu** (*m*)
juego de cartas	**jeu de cartes** (*m*)
jugar	**jouer**
juntos	**ensemble**
justamente	**justement**
justo	**exact, juste**
juzgar	**juger**

L

labio	**lèvre** (*f*)
lado	**côté**
lado (al ~ de)	**à côté de**
ladrón	**voleur** (*m*)
lago	**lac** (*m*)
lamentar	**être désolé de**
lana	**laine** (*f*)
lápiz	**crayon** (*m*)
largo	**large, long**
lástima (¡qué ~!)	**dommage (quel ~ !)**
lavar	**laver**
lavarse	**se laver**
leche	**lait** (*m*)
leer	**lire***
legumbre	**légume** (*m*)
lejano	**lointain**
lejos	**loin**
lengua	**langue** (*f*)
lento	**lent**
levantarse	**se lever**
ley	**loi** (*f*)
libertad	**liberté** (*f*)
libre	**libre**
libro	**livre** (*m*)
liebre	**lièvre** (*m*)
ligero	**léger**
limpiar	**nettoyer**
limpio	**propre**
línea	**ligne** (*f*)

linterna	**lampe de poche** (*f*)
líquido	**liquide**
lista	**liste** (*f*)
litro	**litre** (*m*)
loco	**fou**
longitud	**longueur** (*f*)
luego	**ensuite, après**
lugar	**lieu** (*m*), **endroit** (*m*)
lugar (en ~ de)	**au lieu de**
luna	**lune** (*f*)
luz	**lumière** (*f*)

LL

llamada telefónica	**coup de téléphone** (*m*)
llamar	**appeler**
llamarse	**s'appeler**
llano	**plat** (*adj*), **plaine** (*f*)
llanura	**plaine** (*f*)
llave	**clé** (*f*)
llegada	**arrivée** (*f*)
llegar	**arriver**
llenar	**remplir**
lleno	**plein / comble**
llevar	**emmener, porter**
llorar	**pleurer**
llover	**pleuvoir***
lluvia	**pluie** (*f*)

M

madera	**bois** (*m*)
madre	**mère** (*f*)
maduro	**mûr**
maleta	**valise** (*f*)
maletín	**mallette** (*f*)
malicioso	**malicieux**
malo	**mauvais, méchant**
mañana (*adv.*)	**demain**
mañana (*nombre*)	**matin** (*m*), **matinée** (*f*)
mañana (por la ~)	**le matin**
mancha	**tache** (*f*)
mandar	**envoyer / commander**
manera	**manière** (*f*)
mano	**main** (*f*)
manta	**couverture** (*f*)
mantequilla	**beurre** (*m*)
manzana	**pomme** (*f*)
máquina	**machine** (*f*)
máquina de afeitar	**rasoir** (*m*)
mar	**mer** (*f*)
marchar (funcionar)	**marcher**
marcharse	**s'en aller, partir**
marea alta / baja	**marée haute/ basse**(*f*)
marido	**mari** (*m*)
marrón	**marron**
martillo	**marteau** (*m*)
más	**plus**
más bien	**plutôt**
más o menos	**plus ou moins**
más tarde	**plus tard**
masculino	**masculin**
materia	**matière** (*f*)
matrimonio	**mariage** (*m*)
mechero	**briquet** (*m*)
medianoche	**minuit**
médico	**médecin** (*m*)
medida	**mesure** (*f*)
medio	**demi, moyen** (*m*), **milieu** (*m*)
medio ambiente	**environnement** (*m*)

mediodía	**midi** (*m*)
medir	**mesurer**
mediterráneo	**Méditer-ranée** (*f*)
mejicano	**mexicain**
Méjico	**Mexique**
mejor	**meilleur, mieux**
mejorar	**améliorer**
memoria (de ~)	**cœur (par ~)**
menos	**moins**
menos (al ~)	**au moins**
mensual	**mensuel**
mentira	**mensonge** (*m*)
menudo (a ~)	**souvent**
mercado	**marché** (*m*)
mercancías	**marchandise** (*f*)
mermelada	**confiture** (*f*)
mes	**mois** (*m*)
mes (por ~)	**mois (par ~)**
mesa	**table** (*f*)
meta	**but** (*m*)
metálico (en ~)	**en espèces** (*f pl*)
metro	**mètre** (*m*)
miedo	**peur** (*f*)
miel	**miel** (*m*)
mientras	**pendant**
minuto	**minute** (*f*)
mirada	**regard** (*m*)
mirar	**regarder**
mismo	**même**
mitad	**moitié** (*f*)
mitad (en la ~)	**au milieu**
mochila	**sac à dos** (*m*)
moderno	**moderne**
modificar	**modifier**
modo (de otro ~)	**autrement**
mojado	**mouillé**
molestar	**déranger**
molesto	**ennuyeux, mal à l'aise**
momento	**moment** (*m*)
monedas	**monnaie** (*f*)
montaña	**montagne** (*f*)
montante	**montant** (*m*)
monumento	**monument** (*m*)
moreno	**brun**
morir	**mourir***
mosca	**mouche** (*f*)
mosquito	**moustique** (*m*)
motor	**moteur** (*m*)
movimiento	**mouvement** (*m*)
muchacho	**enfant** (*m + f*)
mucho	**beaucoup**
mucho tiempo	**longtemps**
mudarse (de ropa)	**se changer**
mudarse (de casa)	**déménager**
mueble	**meuble** (*m*)
muelle	**quai** (*m*)
muerte	**mort** (*f*)
muerto	**mort**
mujer	**femme** (*f*)
multicolor	**multicolore**
mundo	**monde** (*m*)
muro	**mur** (*m*)
museo	**musée** (*m*)
música	**musique** (*f*)
muy	**très**

N

nacido	**né**
nacimiento	**naissance** (*f*)
nacionalidad	**nationalité** (*f*)
nación	**nation** (*f*)
nada	**rien**
nadar	**nager**
nadie	**personne**
nariz	**nez** (*m*)
natural	**naturel**
naturaleza	**nature** (*f*)
Navidad	**Noël**
necesario	**nécessaire**

necesidad	**besoin** *(m)*
necesitar	**avoir* besoin de**
negar	**nier / refuser**
negociar	**négocier**
negocio	**affaire** *(f)*
negro	**noir**
neumático	**pneu** *(m)*
nevera	**frigidaire** *(m)*
ni hablar	**hors de question**
ni siquiera	**même pas**
ni ... ni	**ni ... ni**
niebla	**brouillard** *(m)*
nieta	**petite-fille** *(f)*
nieto	**petit-fils** *(m)*
nieve	**neige** *(f)*
ningún	**aucun**
ningún sitio (en ~)	**nulle part**
niño,a	**enfant** *(m + f)*
no	**non, ne ... pas**
no ... tampoco	**ne ... pas non plus**
noche	**nuit** *(f)*
noche (por la ~, de ~)	**la nuit**
nombre	**prénom** *(m)*
normal	**normal**
norte	**nord** *(m)*
nota	**note** *(f)*
notar	**remarquer**
nube	**nuage** *(m)*
noticia	**nouvelle** *(f)*
nuevo,a	**neuf, neuve, nouveau, -elle**
nuevo (de ~)	**de nouveau, encore**
numerosos	**nombreux**
número	**nombre** *(m)*, **numéro** *(m)*

O

o	**ou**
objeto	**objet** *(m)*
obra	**œuvre** *(f)*
obrar	**agir**
obrero	**ouvrier** *(m)*
observar	**observer**
ocasión	**occasion** *(f)*
océano	**océan** *(m)*
ocio	**loisirs** *(m pl)*
ocupado	**occupé**
ocuparse de	**s'occuper de**
Oeste	**ouest** *(m)*
ofender	**offenser**
oferta	**offre** *(f)*
oficina	**bureau** *(m)*
ofrecer	**offrir***
oír	**entendre***
ojo	**œil** *(m)*
ola	**vague** *(f)*
oler	**sentir***
olla	**marmite** *(f)*
olor	**odeur** *(f)*
olvidar	**oublier**
opinión	**opinion** *(f)*
oportunidad	**occasion** *(f)*
opuesto	**opposé**
orden	**ordre** *(m)*
ordenar	**commander**
oreja	**oreille** *(f)*
orilla	**bord** *(m)*
oscuridad	**obscurité** *(f)*
oscuro	**sombre**
otoño	**automne** *(m)*
otra vez	**de nouveau**
otro	**autre**

P

paciencia	**patience** *(f)*
padre	**père** *(m)*

padres (padre y madre)	**parents** (*m pl*)
pagar	**payer**
pagar en metálico	**payer en espèces**
página	**page** (*f*)
paisaje	**paysage** (*m*)
país	**pays** (*m*)
pájaro	**oiseau** (*m*)
palabra	**mot** (*m*)
pálido	**pâle**
pan	**pain** (*m*)
panadería	**boulangerie** (*f*)
panadero	**boulanger** (*m*)
paño	**drap** (*m*), **torchon** (*m*)
pantalón	**pantalon** (*m*)
pañuelo	**mouchoir** (*m*)
papel	**papier** (*m*)
papel de escribir	**papier à let-tres** (*m*)
papeleta	**fiche** (*f*), **bulletin** (*m*), **billet** (*m*)
paquete	**paquet** (*m*)
para	**pour**
parada	**arrêt** (*m*)
paragüas	**parapluie** (*m*)
parar	**arrêter, stopper**
parecer	**avoir* l'air, sembler**
parecerse	**se ressembler**
parecerse a	**ressembler à**
pared	**mur** (*m*)
pariente	**parent** (*m*)
parque	**parc** (*m*)
parte (*f*)	**partie** (*f*)
parte (en otra ~)	**ailleurs**
parte (por otra ~)	**d'autre part**
participación	**participation**
partido (político)	**parti**
partido (deporte)	**match**
partir (romper)	**casser**
partir (irse)	**partir***
pasado	**passé**(*adj.*), **passé** (*m*)
pasado mañana	**après-demain**
pasaje	**passage** (*m*)
pasaporte	**passeport** (*m*)
Pascua	**Pâques**
pasearse	**se promener**
paso	**pas** (*m*)
pastilla	**pilule** (*f*)
patata	**pomme de terre** (*f*)
patio	**cour** (*f*)
patrón	**patron** (*m*)
pautar	**régler**
paz	**paix** (*f*)
pecho	**poitrine** (*f*)
pedido	**commande** (*f*)
pedir	**commander, demander**
pedir prestado	**emprunter**
pegar	**battre*, frapper**
peine	**peigne** (*m*)
peligro	**danger** (*m*)
peligroso	**dangereux**
pelo	**cheveux** (*m pl*), **poil** (*m*)
peluquero	**coiffeur** (*m*)
pena	**peine** (*f*)
pendiente	**côte** (*f*), **pente** (*f*), **boucle d'oreille** (*f*)
pensar (en)	**penser** (**à**)
Pentecostés	**Pentecôte** (*f*)
pera	**poire** (*f*)
perder	**perdre**
¡perdón!	**Pardon !**
perdonar	**pardonner**
perezoso	**paresseux**

perfecto	**parfait**
periódico	**journal** (*m*)
perjudicial	**nuisible**
perjuicio	**dommage** (*m*), **préjudice** (*m*), **tort** (*m*)
permanecer	**rester**
permanente	**permanent**
permiso	**congé** (*m*), **permission** (*f*)
permitido	**permis**
permitir	**permettre***
pero	**mais**
perro	**chien** (*m*)
persona	**personne** (*f*)
personal	**personnel**
persuadir	**convaincre*, persuader**
peruano	**péruvien**
Perú	**Pérou**
pesado	**lourd**
pésame	**condoléances** (*f pl*)
pesar	**peser** (*v*), **regret** (*m*)
pesar (a ~ de)	**malgré**
pescado	**poisson** (*m*)
pescador	**pêcheur** (*m*)
pescar	**pêcher**
peso	**poids** (*m*)
pez	**poisson** (*m*)
picante	**piquant**
pie	**pied** (*m*)
pie (a ~)	**pied (à ~)**
piedra	**pierre** (*f*)
piel	**peau** (*f*)
pieza	**pièce** (*f*)
píldora	**pilule** (*f*)
pimienta	**poivre** (*m*)
pinchar	**piquer**
pintar	**peindre***
pintura	**peinture** (*f*)
pisar	**marcher sur, piétiner, fouler**
piscina	**piscine** (*f*)
placer	**plaisir** (*m*)
plano	**plat** (*adj.*), **plan** (*m*)
planta	**plante** (*f*)
planta baja	**rez-de-chaussée** (*m*)
plato	**assiette** (*f*)
playa	**plage** (*f*)
plaza	**place** (*f*)
pobre	**pauvre**
poco	**peu**
poco más o menos	**à peu près**
poder	**pouvoir***
podrido	**pourri**
policía	**police** (*f*)
policía (agente de ~)	**agent** (*m*) **de police**
pollo	**poulet**
polvo	**poussière** (*f*)
pólvora	**poudre** (*f*)
poner	**mettre***
por	**pour**
por ciento	**pour cent**
por eso	**c'est pourquoi**
por favor	**s'il vous plaît**
por todas partes	**partout**
porque	**car, parce que**
¿por qué?	**pourquoi ?**
porvenir	**avenir** (*m*)
poseer	**posséder**
posibilidad	**possibilité**
posible	**possible**
potable	**potable**
pozo	**puits** (*m*)
práctico	**pratique**
precaución	**précaution** (*f*)
precio	**prix** (*m*)
preferir	**préférer**

pregunta	**question** *(f)*
preguntar	**demander**
preocupación	**souci** *(m)*
preparado	**préparation**
preparar	**préparer**
presentar	**présenter**
presente	**présent**
prestar	**prêter**
prestar atención (a)	**faire* attention (à)**
préstamo	**prêt** *(m)*
pretexto	**prétexte** *(m)*
prevenir	**prévenir***
primavera	**printemps** *(m)*
primero	**d'abord / premier** *(m)*
principio (en ~)	**en principe**
prisa	**hâte** *(f)*
prisa (tener~)	**être pressé**
prisión	**prison** *(f)*
privado	**privé**
probablemente	**probablement**
probar	**essayer**
procurar	**tâcher de, essayer de**
producto	**produit** *(m)*
profesión	**profession** *(f)*
profesor	**professeur** *(m)*
profundo	**profond**
programa	**programme**
progreso	**progrès** *(m)*
prohibido	**interdit, défendu**
prohibir	**défendre*, interdire***
prometer	**promettre***
pronto	**bientôt / tôt**
pronunciación	**prononciation** *(f)*
pronunciar	**prononcer**
propietario	**propriétaire** *(m)*
propina	**pourboire** *(m)*
propio	**propre**
proponer	**proposer**
proposición	**proposition** *(f)*
prospecto	**prospectus** *(m)*
protección	**protection** *(f)*
protestar	**protester**
provisionalmente	**provisoirement**
próximamente	**prochainement**
próximo	**prochain, proche**
prudente	**prudent**
prueba	**preuve** *(f)*
publicidad	**publicité** *(f)*
público	**public**
pueblo	**peuple** *(m)*, **village** *(m)*
puede ser	**peut-être**
puente	**pont** *(m)*
puerta	**porte** *(f)*
puerto	**port** *(m)*
pues	**puisque, donc, car, eh bien !**
puesto que	**puisque**
pulsera	**bracelet** *(m)*
punto (en ~)	**juste**
puro	**pur**

Q

que	**quoi, que, qui**
¿qué?	**lequel ?, que ?, quoi ?**
quebrado	**cassé**
quebrar	**casser, rompre**
queja	**plainte** *(f)*
quejarse	**se plaindre***
querer	**aimer, vouloir***
queso	**fromage** *(m)*
quien	**qui**
quizá	**peut-être**

R

racional	**raisonnable**
radio	**radio** (*f*)
rama	**branche** (*f*)
ramo	**bouquet** (*m*)
rápido	**rapide**
raro	**bizarre, rare**
rascacielos	**gratte-ciel** (*m*)
ratero	**pickpocket** (*m*)
razón	**raison** (*f*)
real	**réel, royal**
realidad	**réalité** (*f*)
realizar	**réaliser**
rebaja	**rabais** (*m*)
rebajas	**soldes** (*m pl*)
recepción	**réception** (*f*)
recibir	**recevoir***
recomendar	**recommander**
recordar(se)	**se rappeler**
recto	**tout droit**
redondo	**rond**
reembolsar	**rembourser**
regalo	**cadeau** (*m*)
regatear	**marchander**
región	**région** (*f*)
reglar	**régler**
rehusar	**refuser**
reina	**reine** (*f*)
reír	**rire***
relámpago	**éclair** (*m*)
reloj de pulsera	**montre** (*f*)
remolcar	**remorquer**
reparación	**réparation** (*f*)
repartir	**partager, répartir**
repetir	**répéter**
reposo	**repos** (*m*)
representación	**représentation** (*f*)
reserva	**réserve**
reserva (a ~ de)	**sous réserve**
reservar	**réserver**
resolver	**résoudre***
respetar	**respecter**
respirar	**respirer**
responder a	**répondre à**
respuesta	**réponse** (*f*)
resta	**reste** (*m*), **soustraction** (*f*)
restante	**restant**
resultado	**résultat** (*m*)
retrasado	**en retard**
revista	**revue** (*f*)
rey	**roi** (*m*)
rico	**riche**
río	**fleuve** (*m*), **rivière** (*f*)
robar	**voler**
robo	**vol** (*m*)
roca	**rocher** (*m*)
rodear	**entourer**
rodeo	**détour** (*m*)
rodilla	**genou** (*m*)
rojo	**rouge**
romper	**casser**
rostro	**visage** (*m*)
roto	**cassé**
rubio	**blond**
rueda	**roue** (*f*)
ruido	**bruit** (*m*)
ruidoso	**bruyant**

S

saber	**savoir***, **savoir** (*m*)
saco de dormir	**sac de couchage** (*m*)
sal	**sel**
sala	**salle** (*f*)
salado	**salé**

salida	**départ** *(m)*, **sortie** *(f)*
salir	**sortir***, **partir***
salir para	**partir* (pour)**
salón de té	**salon de thé** *(m)*
saltar	**sauter**
salud	**santé** *(f)*
saludar	**saluer**
salvaje	**sauvage**
salvar	**sauver**
sangrar	**saigner**
sangre	**sang** *(m)*
sartén	**poêle** *(f)*
satisfecho	**satisfait**
se	**se, on**
secar	**sécher**
seco	**sec**
secreto	**secret**
sed	**soif** *(f)*
seguido	**tout droit**
seguir	**suivre***
segundo	**deuxième, seconde** *(f)*
seguramente	**sûrement**
seguridad	**assurance** *(f)*, **sécurité** *(f)*
seguro	**sûr**
sello	**timbre** *(m)*
semana	**semaine** *(f)*
semanal	**hebdomadaire**
semejante	**semblable, pareil**
sendero	**sentier** *(m)*
señor	**Monsieur**
señora	**Madame**
señorita	**Mademoi-selle**
sentarse	**s'asseoir***
sentido	**sens** *(m)*
sentimiento	**sentiment** *(m)*
sentir	**sentir, être désolé**
sentir (lamentar)	**regretter**

separar	**séparer**
ser	**être***
ser amigo,a	**être* ami(e)**
ser capaz de	**être* capable de**
ser suficiente	**suffire***
serio	**sérieux**
servicio	**service** *(m)*
servir	**servir***
severo	**sévère**
si	**oui / si**
siempre	**toujours**
siglo	**siècle** *(m)*
significar	**signifier, vouloir* dire**
signo	**signe** *(m)*
silencio	**silence** *(m)*
silla	**chaise** *(f)*
simple	**simple**
sin	**sans**
sin duda	**sans doute**
sitio	**lieu** *(m)*, **endroit** *(m)*, **place** *(f)*
situación	**situation** *(f)*
sobre	**sur, au-dessus de**
sobre todo	**surtout**
sobrina	**nièce** *(f)*
sobrino	**neveu** *(m)*
sol	**soleil** *(m)*
solo, a	**seul,e**
sólo	**seulement**
soltero	**célibataire**
sombra	**ombre** *(f)*
sonar	**sonner**
sonido	**son** *(m)*
sopa	**soupe** *(f)*
sordo	**sourd**
sorprendido	**surpris**
sortija	**bague** *(f)*

sostener	**supporter, soutenir***
sospechar	**soupçonner**
sótano	**cave** (*f*)
suavemente	**doucement**
suave	**doux**
subir	**monter**
súbitamente	**soudain**
suciedad	**saleté** (*f*)
sucio	**sale**
sudar	**transpirer**
suelo	**sol** (*m*)
sueño	**rêve** (*m*), **sommeil** (*m*)
suerte	**chance** (*f*)
Suiza	**Suisse**
suizo	**suisse**
suma	**addition** (*f*), **somme** (*f*)
sumergir	**plonger**
superfluo	**superflu**
suponer	**supposer**
Sur	**sud** (*m*)
sustituir	**remplacer, substituer**

T

tabaco	**tabac** (*m*)
tableta	**comprimé** (*m*)
tal	**pareil, tel**
tal vez	**peut-être**
también	**aussi**
tan	**aussi, si**
tarde	**après-midi** (*m + f*), **soir** (*m*)
tarde (*adv.*)	**tard**
tarjeta	**carte** (*f*)
tarjeta postal	**carte postale** (*f*)
tasca	**bistrot** (*m*), **bar** (*m*)
taxi	**taxi** (*m*)
taza	**tasse** (*f*)
techo	**plafond** (*m*), **toit** (*m*)
tejado	**toit** (*m*)
tejido	**tissu** (*m*)
tela	**étoffe** (*f*), **tissu** (*m*)
telefonear	**téléphoner**
teléfono	**téléphone** (*m*)
temer	**craindre***
temor	**peur** (*f*), **crainte** (*f*)
tempestad	**tempête** (*f*)
tenedor	**fourchette** (*f*)
tener	**avoir*, tenir***
tener confianza	**avoir confiance**
tener frío	**avoir* froid**
tener hambre	**avoir* faim**
tener la culpa	**être responsable**
tener razón	**avoir* raison**
tener sed	**avoir* soif**
tenerse de pie	**tenir debout**
tercero	**troisième, tiers** (*m*)
terminar	**terminer, finir**
terminarse	**se terminer**
terrible	**horrible**
testigo	**témoin** (*m*)
té	**thé** (*m*)
tía	**tante** (*f*)
tiempo	**temps** (*m*)
tiempo (a ~)	**à temps**
tiempo (en otro ~)	**autrefois**
tienda	**magasin** (*m*), **boutique** (*f*)
tienda de campaña	**tente** (*f*)
tierno	**tendre**
tierra	**terre** (*f*), **pays** (*m*)

tijeras	**ciseaux** (*m pl*)
tío	**oncle** (*m*)
tipo	**sorte** (*f*), **type** (m)
tirar	**jeter, tirer**
toalla	**serviette de toilette** (*f*)
tocar	**toucher**
todavía	**encore**
todo	**tout**
todos	**tous**
todos los días	**tous les jours**
toma	**prise** (*f*)
tomar	**prendre*, tenir***
tormenta	**orage** (*m*)
tornillo	**vis** (*f*)
torno	**tour** (*m*)
torre	**tour** (*f*)
tóxico	**toxique**
trabajador,a	**travailleur, -euse**
trabajar	**travailler**
trabajo	**travail** (*m*)
traducir	**traduire***
traer	**apporter, amener**
traje	**vêtement**
tranquilidad	**tranquillité**
tranquilo	**calme, tranquille**
tratamiento	**traitement** (*m*)
tratar	**traiter, essayer**
travesía	**traversée** (*f*)
tren	**train** (*m*)
triste	**triste**
trozo	**pièce** (*f*)

U

último	**dernier**
un poco	**un peu**
único	**unique**
universidad	**université** (*f*)
urgente	**urgent**
uso	**usage** (*m*)
utilizar	**employer, utiliser**
útil	**utile**
uvas	**raisin** (*m*)
uva	**grain de raisin** (*m*)

V

vacaciones	**vacances** (*f pl*), **congés** (*m pl*)
vacilar	**vaciller, hésiter, charrier** (*fam.*)
vacío	**vide**
valedero	**valable**
válido	**valable**
valle	**vallée** (*f*)
valor	**valeur** (*f*)
vano (en ~)	**vain** (**en ~**)
vapor	**vapeur** (*f*)
vecino	**voisin** (*m*)
vela	**bougie** (*f*), **voile** (*f*)
velocidad	**vitesse** (*f*)
vender	**vendre***
venir	**venir***
venta	**vente** (*f*)
ventaja	**avantage** (*m*)
ventana	**fenêtre** (*f*)
ver	**voir**
verano	**été** (*m*)
verdad	**vérité** (*f*)
verdadero	**vrai**
verde	**vert**
verificar	**vérifier**
verja	**grille** (*f*)
vestido	**robe** (*f*)

vestirse	**s'habiller**
vez	**fois** (*f*)
vez (a la ~)	**en même temps**
viajar	**voyager**
viaje	**voyage** (*m*)
vía	**voie** (*f*)
vida	**vie** (*f*)
viejo,a	**vieux, vielle**
viento	**vent** (*m*)
visible	**visible**
visita	**visite** (*f*)
visitar	**rendre visite, visiter**
vista	**vue** (*f*)
vivienda	**logis** (*m*)
vivir	**vivre*, habiter**
vivo	**vivant**
volar	**voler**
volcar	**renverser**
volver	**revenir***
volver a llamar	**rappeler**
volver a ver	**revoir***
votar	**voter**
voz	**voix** (*f*)
vuelo	**vol** (*m*)
vuelta (giro)	**tour** (*m*)
vuelta (retorno)	**retour** (*m*)

Y

y	**et**
ya	**déjà**
yegua	**jument**
yerno	**gendre**

Z

zapatero	**cordonnier**
zapato	**chaussure** (*f*)
zumo	**jus** (*m*)

N° édition 2613 :
Poche FRANCES DE BOLSILLO
Dépôt légal : janvier 2008
Imprimé en France
par IMP Graphic